kleine
Helden

Marco Pagano

kleine
Helden

Eine <u>Liebeserklärung</u> an
Ehrenamt und Kommunalpolitik

Bibliografische Information der Deutschen Nationalbibliothek
Die Deutsche Nationalbibliothek verzeichnet
diese Publikation in der Deutschen Nationalbibliografie;
detaillierte bibliografische Daten sind im Internet
über *http://dnb.dnb.de* abrufbar.

ISBN 978-3-8012-0651-2

Copyright © 2023 by
Verlag J.H.W. Dietz Nachf. GmbH
Dreizehnmorgenweg 24, 53175 Bonn

Umschlag: Petra Bähner, Köln
Umschlagfoto: © Patric Fouad 2022
Satz: Rohtext, Bonn
Druck und Verarbeitung: Bookpress, Olsztyn

Alle Rechte vorbehalten
Printed in Poland 2023

Besuchen Sie uns im Internet: *www.dietz-verlag.de*

Inhalt

Vorwort   7

Einleitung   9

1 Ein ganz normaler Abend   12

2 Kampf, Krampf oder einfach Demokratie?   17

3 Wo hört »Rechts« auf, wo fängt »Links« an?   24

4 Gewaltenteilung schwer gemacht   38

5 Das Demo-Paradoxon   51

6 Nicht vor meiner Haustüre!   59

7 Bock auf Kalk   69

8 Der Stachel sitzt tief   84

9 Die Grenzen einer Freizeitregierung   94

10 Sport sucht Heimat   101

11 Wenn es brenzlig wird…   109

12 Im Fadenkreuz   125

13 Die Erlebniswelt – mehr Teilhabe schaffen   135

14 Zwölf Ratschläge zum Schluss   147

15 Bühnenwechsel –
ein sehr persönliches Nachwort   155

Danksagung   166

Anmerkungen   172

Über den Autor   175

Vorwort

Wie funktioniert demokratisch legitimierte Politik in Wirklichkeit und warum funktioniert sie oft nicht oder nur teilweise?

Marco Pagano seziert mit etlichen Beispielen aus der Praxis den Politcorpus und hält auch mal den Finger in die Wunde. Nicht um zu verletzen oder mit irgendwem oder irgendwas abzurechnen, sondern um aufzuzeigen, wo eventuell operiert und verbessert werden kann.

Offen, ehrlich und authentisch zeigt der einstige Bürgermeister des Stadtbezirks Köln-Kalk, der mit 120.000 Einwohnern andernorts einen hauptamtlichen Oberbürgermeister mit entsprechendem Gehalt hätte, wo Politik an ihre Grenzen stößt.

Die ehrenamtlichen, kleinen Helden aus der Kommunalpolitik werden oft von Bundespolitik überstrahlt. Dabei bilden sie die wahren Helden. Ohne Amateurfußball, Vereinen wie Borussia Kalk oder RSV Rath/Heumar würde weder Bayern noch Dortmund jemals die Champions League gewinnen.

Dabei verzweifelt nicht nur Pagano zuletzt an der alten Tante SPD oder der Bräsigkeit von Verwaltungen, denn die Fehler müssen die politisch engagierten Menschen vor Ort ausbaden.

Wie also wollen wir leben? Dieser Frage geht Pagano hier nach. Warum funktioniert das Mehrheitsprinzip oftmals nicht, beziehungsweise warum bestimmen extreme und zu häufig offensichtlich hanebüchene Meinungen von Minderheiten den politischen Diskurs? Warum ist die freiheitliche Demokratie anscheinend hier so angreifbar?

Streit zwischen guten Lösungsansätzen darf als Ergebnis keine schlechte Lösung zutage fördern. Genau da ätzen die Rattenfänger, egal ob von links, von rechts, religiös motiviert oder laut eigener Beschreibung offensichtlich unfähig geradeaus zu denken hinein. Sie wollen uns auf der Nase herumtanzen, den gesunden

Menschenverstand ad absurdum führen. Hier braucht es mehr Entschlossenheit und mehr Mut.

Das Buch stellt gut heraus, dass es eben doch an uns allen selbst liegt, ob wir einem Hobbes'schen Menschenbild folgen wollen, oder uns doch zusammentun können. Eventuell sogar trotz unterschiedlicher Meinungen.

Diese Fragestellung ist insofern höchst aktuell, als sie sukzessive aufgrund wachsender Bevölkerungszahlen auf unserem begrenzten wie bedrohten Planeten im Vordergrund stehen wird. Und natürlich geht es dabei nicht zuletzt um den Abbau oder den Aufbau sozialer Spannungen, welche den sozialen Frieden entweder wahren oder zerstören werden.

Nie ideologisch, nie eitel, sondern sachbezogen mit gesundem Menschenverstand agieren und regieren, diese Maxime gibt uns Marco Pagano hier mit auf den Weg.

Vom genderwütigen Ökoaktivisten bis zum erzkonservativen Vielflieger soll also der gesunde Menschenverstand der Kitt sein, der das Ganze zusammenhält, der die Mitte zeigt, den Kompass bildet und die Balance hält.

Einen 13. Ratschlag möchte ich dem Dutzend des Autors also gerne hinzufügen: Dieses Buch muss man lesen!

An den Autor in Freundschaft, Respekt und Dank.

Frank Heinz, Köln im Februar 2022[1]

Einleitung

Mittwoch, 27. Mai 2018.

Es ist später Abend. Vor wenigen Stunden habe ich auch endlich öffentlich meinen Rückzug aus dem politischen Leben verkündet. Es ist nun wohl der Moment, an dem man zurückblickt und sich hinterfragt: War es die richtige Entscheidung, fast 15 Jahre politische Arbeit zu den Akten zu legen?

Viele Monate sind vergangen, in denen ich mit mir gerungen habe. Ein Dreivierteljahr, in dem ich wegen der bundespolitischen Lage oft am Rande der Verzweiflung stand. Beschönigen wir nichts. Es war so. Ich verzweifelte allerdings auch daran, dass Teile der Kölner Stadtverwaltung meine politischen Initiativen aussaßen und untätig waren. Monate, in denen mich Anfragen und unverschämte Vorwürfe von Bürger:innen und Statements von Parteigenoss:innen oder auch politische Streitereien bis zur Unendlichkeit nervten. Es waren Momente, in denen ich von vielen Seiten zumindest den Hauch von Wertschätzung vermisst habe. Vieles ist zur Selbstverständlichkeit verkommen.

Aber es war auch eine Zeit, in der mich Erfolge und auch das persönliche Feedback von Menschen immer wieder positiv erschütterten, und ich schwankte auf meinem eigentlich schon festgelegten Weg.

Ja. Es war die richtige Entscheidung. Es fühlt sich gut an. Und wenn wir ehrlich mit uns selbst sind, dann fühlt sich auch das kleine, mediale und innerparteiliche Erdbeben gerade ganz gut an. Man spürt, welche Lücke man hinterlässt. Manchmal braucht man auch sowas.

Der Kölner Stadt-Anzeiger betitelt das Ganze mit einem »Paukenschlag«. Für mich ist es etwas anderes. Ich freue mich darauf, mein Leben zurückzubekommen. Jedenfalls in zwei Jahren, wenn nach der Kommunalwahl 2020 mein Mandat und mein Amt auslaufen. Aber was bekomme ich wieder? Habe ich überhaupt etwas verloren?

Ich habe viel gewonnen. Da bin ich mir sicher. Ich konnte Gutes bewirken und bin davon überzeugt, dass ich durch mein Engagement einiges in meinen Stadtteilen und meiner Stadt Köln verbessern konnte. Ich habe mich auch persönlich weiterentwickelt, wovon ich als Privatmensch und im Beruf profitiere.

Allerdings habe ich in meinem Leben auch einiges verpasst, insbesondere in meinem persönlichen und familiären Umfeld. Ich habe Mitmenschen enttäuscht und war nicht da, als ich hätte da sein sollen. Ich arbeitete stets mit dem Fuß auf dem Gas und zu oft am Limit. Man kann nicht auf allen Hochzeiten tanzen. Eine Feststellung, die mich zuletzt oft begleitet hat. Und heute, nach Verlusten, sehr schmerzt.

Aber was genau habe ich gewonnen und was verloren? Was bringt einen Kerl wie mich im »besten Alter« dazu, die Arena zu verlassen? Das in einer Zeit, in der er erfolgreich ist, und nach vielen Jahren der Vorbereitung – nachdem er die sogenannte »Ochsentour« erfolgreich durchlebt hat – jetzt die kommenden Möglichkeiten ergreifen und die nächsten Karriereschritte in der Politik hätte gehen können? Warum entscheidet sich ein früherer Politjunkie dazu, sein Leben zu verändern und auszusteigen?

Ich habe das Bedürfnis, diese Geschichte und die Entwicklung der vergangenen Jahre genauer zu erzählen. Ich möchte von dem berichten, was besonders gut lief. Von den Erfolgen, die nach all den Jahren zurückbleiben. Aber auch von den Geschichten, die nicht so gut liefen und mich frustrierten. Die Punkte, die einen abwägen lassen, ob es das Ganze überhaupt noch wert ist. Über das Ehrenamt und seine Bedeutung. Über das, was es einen kostet, wenn man Stunden über Stunden ehrenamtliche Arbeit für die Gesellschaft leistet. Denn hierüber wird viel zu selten gesprochen oder medial berichtet.

Ich hatte schon 2018 das Glück, mehrmals in den Medien über meinen Frust sprechen zu können. Das hat mich nicht losgelassen und mich motiviert, auf diesen Gesprächen aufzubauen und die Geschichte weiterzuerzählen.

Zu meiner Geschichte gehören aber auch Menschen und ihre eigenen Erzählungen. Wegbegleiter, die für mich kleine Helden sind. Helden der demokratischen Basis. Mir geht es um die zahlreichen Ehrenamtler, die mit ihrem Engagement ein Motor unserer Gesellschaft sind. Die so wahnsinnig viel leisten und – wie ich es teils selbst erlebt habe – auf Widerstände treffen, frustriert sind und im wahrsten Sinne des Wortes manchmal gegen die Wand laufen.

Ich habe das Bedürfnis, gewisse Themen und Entwicklungen zu erklären, die im Alltag entweder nicht gehört werden oder in der Kürze der bisherigen Berichterstattung nicht ankommen konnten. Ich möchte die kleinen Helden von der Basis in den Mittelpunkt unserer Betrachtung bringen. Denn sie sind doch die Herzkammer unserer Demokratie.

Und last but not least: Ich möchte die Gelegenheit nutzen und die ein oder andere Weisheit hinterlassen. Ich möchte über meine Erwartungen an die Zukunft sprechen und meine Wünsche an die Politik und Gesellschaft formulieren.

Auch wenn ich mich selbst von der politischen Bühne verabschiede. Ich glaube daran: Wir brauchen Engagement für unsere Gesellschaft und wir brauchen Menschen, die sich für andere einsetzen und Probleme anpacken. Wir brauchen engagierte Politiker:innen. Wir brauchen ein gesundes Ehrenamt.

Ich will mit diesem Buch also nicht verschrecken, obwohl ich wahrscheinlich einiges Negative erzähle. Nein. Ich möchte am Ende motivieren und den Dienst an der Gesellschaft hochhalten. Politisches Engagement als ehrenvolle Aufgabe zu verstehen und den ein oder anderen Ratschlag für kommende (Jung)-Politiker:innen bieten. Das ist mein Ziel.

Zumindest nehme ich mir das heute, an diesem späten Maiabend im Jahr 2018, vor.

1   Ein ganz normaler Abend

»Some days are diamonds. Some days are
rocks. Some doors are open. Some roads are
blocked.«

(Walls, Tom Petty, 1996)

Es war ein Mittwochabend im Dezember 2003, der mein weiteres Leben für die nächsten rund 16 Jahre prägen sollte. Ich war schon immer ein recht politischer Mensch. Mit meinen engsten Freunden haben wir lange und intensive Diskussionen gepflegt. Ich habe oft darüber nachgedacht, ob ein politisches Engagement für mich das Richtige wäre. Vielleicht sogar eine berufliche Alternative?

Ich hatte seit meiner Volljährigkeit immer die SPD gewählt. Ihr fühlte ich mich politisch am nächsten. Aber für den Eintritt in die älteste deutsche Partei hatte es trotz mehrmaliger Anläufe nie gereicht. Ich tat es dann doch nicht.

Im Dezember 2003 war es so weit. Nach einem feucht-fröhlichen Abend mit meinem Stammtisch in einer Kneipe in Bergisch Gladbach-Refrath – damals lebte ich noch vor den Toren Kölns – verblieb ich noch einige Zeit an meinem Computer. Dann passierte es. Ich füllte das Online-Beitrittsformular aus. Schon war ich drin. Es tat nicht weh. Aber ein paar Kölsch haben an diesem Abend sicher die Entscheidung unterstützt.

Wer weiß? Hätte ich damals gewusst, was noch alles passieren würde, hätte ich dann wieder einen Rückzieher gemacht?

Ich denke nicht. Ich habe nie etwas wirklich bereut. Ohne diese Erfahrungen wäre ich heute nicht der Mensch, der ich bin. Und der bin ich nun mal ganz gerne.

Rund 16 Jahre später – am frühen Abend des 27. August 2019 – hatte ich Tränen in den Augen. Ich wollte stark bleiben und einen souveränen Auftritt hinlegen. Hat nicht ganz funktioniert. Wobei. Warum war es nicht souverän? Sind Tränen ein Zeichen für Schwäche? Nein. Das sind sie nicht.

Aber warum hatte ich überhaupt Tränen in den Augen? Mein Ausstieg aus der Politik kam im Frühherbst 2019 etwas schneller als geplant. Ursprünglich hatte ich mir vorgenommen, mein Mandat und Amt des Bezirksbürgermeisters mit der Kommunalwahl im Jahr 2020 auslaufen zu lassen und nicht mehr zu kandidieren. Und in den zweieinhalb Jahren, die mir vom Frühjahr 2018 blieben, wollte ich noch einige für mich sehr wichtige Themen umsetzen oder zumindest mit Schwung auf den Weg bringen. Daran habe ich seit meiner Ankündigung zum Ausstieg vehement gearbeitet.

Im Sommer 2019 eröffnete sich mir ein neuer Karriereschritt und ich erhielt nach einer erfolgreichen Bewerbung ein attraktives Jobangebot bei meinem heutigen Arbeitgeber. Diese neue Aufgabe war jedoch mit einem kommunalen Mandat nicht mehr vereinbar. Für mich war klar: Nachdem ich in der Vergangenheit zu oft der Politik den Vorzug gegeben hatte, war nun ich dran. Ich konnte jetzt nicht zurückstecken und musste diese Gelegenheit ergreifen. Und das tat ich.

Doch was bedeutet, der Politik den Vorzug gegeben und zurückgesteckt zu haben? Warum habe ich überhaupt den Stecker gezogen? Es gab nicht den einen Grund, aus dem ich mich zurückgezogen habe. Vielmehr waren es eine Reihe von Baustellen, die brach lagen, mit denen ich unzufrieden war. Im Grunde muss man sagen, dass alles nicht mehr in der Balance lag.

Woran hat es gelegen? Zu oft hatte ich das Gefühl, dass meine Arbeit für die Tonne war. Viele meiner politischen Projekte wurden durch die Verwaltung nicht realisiert. Ich konnte die Ergebnisse meiner Arbeit nicht erleben, und vielleicht schlimmer: Ich konnte den Bürger:innen nicht erklären, warum es nicht umgesetzt wurde. Unmut war häufig an der Tagesordnung. Aber auch die Erwartungshaltung der Menschen vor Ort wurde immer größer. Erwartungen an Erreichbarkeit und Teilnahme an Terminen. Deutliches Unverständnis, wenn man einmal als Ehrenamtler nicht kann. Plakativ zusammengefasst: Du machst es keinem mehr recht. Auch der fehlende Respekt gegen uns Kommunalpolitiker:innen hat mir zu schaffen gemacht und die regelmäßige Frage: Warum engagiere ich mich überhaupt noch? Auch parteiinterne Querelen haben mich letztlich nur noch genervt, sodass ich das Gefühl hatte, es geht nur noch gegen sie oder ihn und nicht mehr darum, Politik zu gestalten.

Mein ganzes Engagement ging natürlich zulasten meiner Familie und meiner Freunde. Und wenn ich mit so vielen Punkten unzufrieden war, konnte ich da noch rechtfertigen, das Privatleben zu vernachlässigen? Da es nicht nur eine Stellschraube war, an der ich drehen und etwas lösen konnte, sondern viele, musste ich für mich eine generelle Entscheidung treffen. Und die hieß Ausstieg. Ursprünglich geplant für das Jahr 2020 und dann doch etwas früher.

Und plötzlich ging alles ganz schnell. Ich trat zum 31. August 2019 von meinem Amt als Bezirksbürgermeister zurück und legte mein Mandat in der Bezirksvertretung Kalk nach zehn Jahren nieder.

Der Zufall wollte es so, dass ich am 27. August 2019 noch einen seit langer Zeit geplanten Termin zu absolvieren hatte. Die alljährliche Ehrung von ehrenamtlich engagierten Menschen meines Bezirks im Rahmen des Kölner Ehrenamtstages. Dies war seit meiner Wahl zum Bezirksbürgermeister eine meiner liebsten Aufgaben.

Als mein berufsbedingter Ausstieg plötzlich schneller als geplant auf die Tagesordnung kam, war es eine glückliche Fügung, dass genau diese Ehrung meine letzte Amtshandlung als Bürgermeister des Stadtbezirks Kalk wurde. Mein letzter politischer Termin. Und es hätte kein schönerer Abschied werden können.

Warum lag mir die Ehrung des Ehrenamtstages so am Herzen? Das liegt insbesondere daran, dass die Kommunalpolitik – auch wenn es viele nicht wissen oder wahrhaben wollen – ein Ehrenamt ist. Man kann unzählige Stunden unbezahlt investieren und für die Gesellschaft arbeiten. Es ist und bleibt jedoch immer ein Ehrenamt, und man leistet dies in der Regel neben Privatleben und Beruf.

Das ist kein einfacher Spagat. Ich selbst habe im Durchschnitt 15 bis 20 Wochenstunden unter Volldampf in die Politik investiert. Natürlich mal mehr und mal weniger. Ich kann daher gut verstehen, wie sich manche Menschen in ihrer ehrenamtlichen Aufgabe aufopfern.

Hinter jedem Ehrenamt steckt eine spannende Geschichte. Ein Mensch mit interessanten Facetten. Manchmal auch mit schweren Schicksalen. Oftmals handelt es sich bei diesem Engagement um eine anstrengende Leistung. Sinnstiftend. Manchmal auch Sinn suchend, wenn die Rahmenbedingungen schwerer werden und man keine Unterstützung erhält. Am Ende steht eine menschliche Erzählung.

Für mich war es immer eine gute Erdung, den Menschen, die ich ehrte, zuzuhören. Die Arbeit in einem Kinderhospiz. Die Unterstützung im Rahmen der Integration von geflüchteten Menschen. Hilfe für Afrika. Oder auch die jahrzehntelange Jugendarbeit im Fußballverein. Es waren so viele interessante Geschichten von Menschen aus der Nachbarschaft, die einfach etwas Gutes tun wollten und sich engagierten. Für mich sind diese Menschen Helden des Alltags. Klingt etwas platt. Aber sie sind es, und es war mir stets ein Bedürfnis, ihnen das auch bei der Ehrung mit auf den Weg zu geben. Und aus der Ehrung und den folgenden Gesprächen ergab sich meistens auch noch die ein oder andere Unterstützung, die ich im Nachgang leisten konnte. Diesen kleinen Helden von der Basis der Demokratie, aus der Nachbarschaft, eine Hilfe zu sein, war mir wichtig.

Ein Abschied unter Ehrenamtler:innen. Das passte für mich wie der Deckel auf den Topf, und ich hatte zu diesem Event viele Weggefährten eingeladen. Es wurde ein Abschied unter Freunden.

Besonders schön war der Zuspruch aus den anderen Parteien und der Bevölkerung, weil ich auch einige negative Reaktionen zu meinem Ausstieg erlebt habe. Besonders aus der SPD. Es fehlte an manchen Stellen an Verständnis für meine Entscheidung. Wie könne ich das der Partei antun? Und so ginge das doch nicht.

Manche haben danach nicht mehr, zumindest eine längere Zeit nicht, mit mir gesprochen. Natürlich. Das kann man so machen. Ich finde diesen Umgang mit jemandem, der rund 16 Jahre viel Einsatz, Kraft und Zeit für ein gemeinsames Ziel investiert hat und zur Stelle war, als man ihn brauchte, ziemlich traurig. Immerhin habe ich oft für die Partei zurückgesteckt. Dass der Laden in meiner Verantwortung lief, kam nicht von ungefähr. Da steckte viel Arbeit drin. Planung. Verbindlichkeit. Und vieles mehr. Aber das war für manche Wegbegleiter:innen anscheinend eine Selbstverständlichkeit. Das ist schade.

Das trifft nicht für alle zu – natürlich. Aber das schmerzt. Es ist die fehlende Wertschätzung jahrelanger Arbeit. Und letztlich bestärkte es mich im Nachgang bei meiner Entscheidung, jetzt in erster Linie an mich zu denken. Es war genau richtig so.

Zurück zum Anfang. Ich habe schon immer schnell Emotionen gezeigt, und trotz allem erlebten Ärger und Frust gab es auch eine Menge Herzlichkeit, Freundschaft und Erfolg. Mein letzter politischer Termin und der Abschied von vielen langjährigen Weggefährt:innen konnte dementsprechend nicht einfach werden. Meine Tränen waren vollkommen in Ordnung, denn nicht alle Tränen sind von Übel. Das hat immerhin ein bekannter weiser Mann am Ende eines großen literarischen Abenteuers gesagt. Und haben wir nicht auch in den letzten 16 Jahren bei dem ein oder anderen Erfolg oder einer Niederlage feuchte Augen gehabt?

Ich mag Menschen. Ich habe gerne mit ihnen zu tun. Auch wenn sie mir manchmal den letzten Nerv rauben und mich verzweifeln lassen. Ich habe schon immer gerne mit Menschen gearbeitet.

Meine letzte politische Aufgabe war das gelungene Ende eines Weges, den ich an diesem Dezemberabend im Jahre 2003 eingeschlagen habe.

Wieder ein normaler Abend – aber auch ein sehr schöner.

2 Kampf, Krampf oder einfach Demokratie?

»Hello darkness, my old friend.
I've come to talk with you again.
Because a vision softly creeping.
Left its seeds while I was sleeping.
And the vision that was planted in my
brain still remains.
Within the sound of silence.«

(Sound of silence, Simon & Garfunkel, 1964)

»Die Kölner SPD steht vor dem nächsten Machtkampf.« »Bezirksbürgermeister gewinnt Kampfkandidatur bei der SPD.« So titelten im Sommer 2020 die Kölner Medien über den Parteitag der Kölner SPD zur Aufstellung der Kandidat:innen für die anstehende Kommunalwahl im Herbst.

Kampfkandidatur. Schon der Begriff klingt sehr negativ. Impliziert wird ein Streit. Uneinigkeit und wohl auch Zerrissenheit. Doch war es so? Es gab in diesem besagten Fall eine Position auf der gesamten SPD-Ratsreserveliste mit insgesamt 75 Plätzen, für die sich zwei Personen beworben haben. Und einer von zwei Bewerbern hat sich am Ende eben durchgesetzt. Sogar recht deutlich.

Interessanterweise fand eine Woche später der Parteitag der Kölner Grünen statt. Zwei Tage diskutierten und bewarben sich viele Menschen für Plätze auf der Reserveliste und traten gegeneinander an. Nicht einmal, nicht zweimal, sondern durchweg. Die ganze Zeit. Die Berichterstattung war allerdings eine andere.

Worauf möchte ich hinaus? Auf zwei Punkte.

Erstens: Ein Sachverhalt wird unterschiedlich dargestellt. So können Medien Stimmung machen. Nicht nur eine gesellschaftliche Meinung abbilden, sondern eine herstellen. Vielleicht sogar auf längere Zeit zementieren. So kann man Parteien, Personen oder Themen hoch- oder runterschreiben. Oder beides, wie in einem Drehbuch.

Über diese Entwicklung, die ich seit einigen Jahren verstärkt wahrnehme, kann man mehr als ein Kapitel schreiben. Der Politikwissenschaftler Frank Heinz hat dies in seinem Erstwerk »Ist das hier ein Dönerladen« sehr treffend beschrieben. Deswegen möchte ich hierauf nicht detaillierter eingehen, sondern empfehle von ganzem Herzen sein Buch.

Ich will damit aber nicht sagen, dass man über Streit und Zerrissenheit nicht berichten soll. Im Gegenteil. Darum geht es mir nicht. Aber das Gefühl, dass manchmal mit zweierlei Maß gemessen wird, habe ich schon länger. Manchmal könnte man auch einfach die Kirche im Dorf lassen. Oder den Dom. Vielleicht ist es in Köln aber auch etwas extremer als woanders in der Republik.

Zweitens, und das ist der für mich viel wichtigere Aspekt: Wo liegt denn eigentlich das Problem? Zwei oder mehrere Personen bewerben sich um eine Kandidatur, um ein Amt oder ein Mandat. Warum ist das direkt ein Macht-Kampf oder gar -Krampf?

Ist ein solcher Wettbewerb nicht elementar für die Demokratie? Ist er nicht ihr Fundament?

Man kann aus mehreren Bewerbungen auswählen. Vielleicht stimmt man für die Person, die einen am meisten überzeugt, begeistert und mitreißt. Manchmal auch für jemanden, weil man einen anderen Kandidaten noch schlechter findet. Klar. Das kommt vor. Aber es ist doch die Auswahl, die dem Ganzen eine gewisse Würze, den Pep gibt. Für mich ist diese Auswahl die Lebensgrundlage der Demokratie.

Und ich gehe noch einen Schritt weiter. Ich behaupte, dass fehlender Wettbewerb dafür sorgt, dass die Qualität in der Politik schlechter wird. Wenn man sich durchsetzen muss, nicht erst am Wahltag, sondern schon vorher. Wenn man über sich hinauswachsen und seiner Bewerbung Gewicht verleihen muss, ist das ein erster wichtiger Meilenstein und persönlicher Gewinn. Ja, ich bin davon überzeugt: Ein solcher Prozess macht Bewerber:innen am Ende besser. Sie werden stärkere Kandidat:innen und selbstverständlich später zu besseren Politiker:innen. Auswahl tut allen Beteiligten gut und hat grundsätzlich nichts mit Streit zu tun. Das habe ich persönlich erleben dürfen.

Blicken wir hierfür in das Jahr 2016 zurück. Mit dem Titel »Wahlen 2017 – Kämpfe auch bei den Sozis«, berichtete der Kölner Express im Mai des Jahres über die innerparteiliche Kandidatenaufstellung der SPD für die Landtags- und Bundestagswahl 2017. Ich hatte mich in diesem Jahr für eine Bewerbung um die frei werdende SPD-Kandidatur im Kölner Landtagswahlkreis 18 (Kalk-West, Deutz und nördliche Innenstadt) beworben. Mir folgte mit Susana Dos Santos Herrmann eine damalige Kollegin aus dem Kölner Stadtrat. Susana Dos Santos Herrmann stammt wie ich aus dem Stadtbezirk Kalk. Sie ist knapp zehn Jahre älter als ich und war seit 2004 Mitglied im Stadtrat und zum damaligen Zeitpunkt stellvertretende Fraktionsvorsitzende der SPD.

Und schon gab es einen »Machtkampf«. Dabei haben zwei politisch engagierte Menschen unabhängig voneinander entschieden, sich für ein höheres politisches Mandat zu bewerben. Zwei Personen mit großer kommunalpolitischer Erfahrung.

Zu was führten diese beide Bewerbungen? Die Kölner SPD und der Wahlkreis hatten eine echte Auswahl. Eine gute Auswahl, wie ich bescheiden anmerken möchte. Und die Mitglieder der SPD bekamen die Chance, aus zwei unterschiedlichen Persönlichkeiten mit ganz verschiedenen Paketen und individuellen Stärken auszuwählen.

Gemeinsam haben wir seinerzeit ein gutes Auswahlverfahren geschaffen. Die einzelnen Ortsvereine (hierbei handelt es sich um die Basisgliederung bei der SPD) hatten die Möglichkeit, Susana Dos Santos Herrmann und mich einzuladen und uns und unsere Vorstellungen kennenzulernen. Am Ende gab es eine spezielle Konferenz nur mit Mitgliedern aus dem Wahlkreis, die ein Votum für die gesamtstädtische Wahlkreiskonferenz der SPD gaben. Auch wenn die Kölner Konferenz aus wahlrechtlicher Sicht das entscheidende Gremium war. Wir gaben dem Wahlkreis damit ein deutliches Gewicht für die Entscheidung, wer den Wahlkreis für die SPD im Wahlkampf und später bestenfalls auch im Düsseldorfer Landtag vertreten soll. Man musste schon sehr gewichtige Argumente haben, dem Wahlkreisvotum am Ende nicht zu folgen.

Ich persönlich bin damals sogar noch einen Schritt weiter gegangen. Ich habe offen und in aller Deutlichkeit gesagt: Der »Wahlkreis entscheidet!« Dieser Slogan war sogar das Motto meiner Kandidatur.

Ich habe dem Wahlkreis damit mein weiteres Handeln überlassen und mich in ganzer Demut seiner Entscheidung unterworfen. Würde ich nominiert, ginge ich mit ganzer Motivation und Überzeugung den weiteren Weg. Bei einer Niederlage würde ich noch am gleichen Abend meine Bewerbung zurückziehen. Aus Respekt dem Wahlkreis, seinen Mitgliedern und ihrer souveränen Entscheidung gegenüber.

Am Ende haben drei Delegierte den Ausschlag gegeben und ich habe knapp verloren. Ich habe meiner Ankündigung sofort Taten folgen lassen, habe meine Bewerbung noch am selben Abend zurückgezogen und Susana unterstützt.

Ich glaube, diese Entscheidung, dieses authentische aber für mich selbstverständliche Handeln, war für meinen späteren Weg prägend. Es gab Personen, die meinen Rückzug nicht nachvollziehen konnten, mich motivieren wollten und teils drängten, weiter zu kandidieren. Ich blieb jedoch bei meiner Entscheidung.

Dieser vermeintliche Machtkampf war für mich kein Krampf. Das war er nie, und mir war von Anfang an klar, worauf ich mich einlasse. Ich habe dabei so unglaublich viel gewonnen. Ich habe mich persönlich weiterentwickelt und ich bin stärker geworden. Meine Autorität ist spürbar gewachsen und mein Wort hatte plötzlich noch mehr Gewicht. Das hat mich sowohl bei meinem weiteren politischen Weg als auch für meine berufliche und persönliche Entwicklung bedeutend geprägt und weitergebracht.

Heute bin ich sogar froh, dass mir drei Delegierte fehlten. Mein Weg sollte sich anders weiterentwickeln. Ob ich in der Berufspolitik richtig glücklich geworden wäre? Ich weiß es heute nicht mehr. Ich hatte dieses Ziel lange im Fokus und habe zielstrebig daraufhin gearbeitet. Es mag sein. Jedoch in der Abhängigkeit der Wähler:innen zu stehen, ihnen mein berufliches Schicksal zu überlassen, hat mich in den letzten Jahren einfach nicht mehr gereizt.

Ich habe häufig mitangesehen, wie engagierte Politiker:innen, auch parteiübergreifend, unglaublich viel und nachweisbar für ihren Wahlkreis geleistet haben. Gedankt hat es ihnen am Ende keiner, und sie wurden abgewählt. So zum Beispiel der Kölner Landtagsabgeordnete Jochen Ott 2017 in Köln-Porz. Ich habe wenige Abgeordnete aller Parteien erlebt, die sich im Detail und bei vielen Projekten so für ihren Wahlkreis reingehängt haben wie er.

Aber so ist das Spiel. Am Ende entscheiden die Wähler:innen. Mal gewinnt man, mal verliert man. Dieses Spiel der Abhängigkeit wollte ich nicht mehr mitgehen. Ich persönlich bin heute daher froh, dass es damals nicht sein sollte. Aber das ist nur mein persönliches Empfinden, und ich will den ehrwürdigen Beruf der Abgeordneten gar nicht schlechtreden. Im Gegenteil. Abgeordnete genießen meiner Meinung nach viel zu wenig Anerkennung und Respekt in der Gesellschaft. Der Wechsel in den Parlamenten gehört berechtigterweise zur Demokratie. Auch wenn es schmerzt.

Aber nicht nur für mich war dieser Wettbewerb ein Gewinn. Ich lehne mich vielleicht etwas aus dem Fenster, bin aber davon überzeugt, nicht der Einzige gewesen zu sein, der von diesem Wettbewerb profitiert hat. Sich durchsetzen müssen. Gegen einen Kandidaten auf Augenhöhe. Ein solches Auswahlverfahren, im wahrsten Sinne des Wortes eine Prüfung, stärkt jeden. Wie sehr, kommt auf den oder die Einzelne an.

Ich persönlich finde es schade, dass Susana Dos Santos Herrmann den Weg dieses Wahlkreises nicht weitergegangen ist. Anstatt sich für eine Wiederwahl in »ihrem Wahlkreis« zu bewerben, wollte sie 2021 im Vorfeld der Landtagswahl 2022 in einen anderen Wahlkreis wechseln. Der Stadtbezirk Mülheim erschien vermutlich als sicherer zu gewinnen vor dem Hintergrund einer schwierigen Landtagswahl. Dieses Vorgehen führte jedoch zu einer (Teil-)Spaltung der Kölner SPD, die ohnehin schon von Querelen geplagt war, und hat ihr weiter geschadet und Mitglieder frustriert. Die Stimmung war schlecht. Intern wie öffentlich. Keine gute Basis für Wahlkämpfe. Und das Ergebnis? In einem Wettbewerb unterlag Susana Dos Santos Herrmann ihrer Gegenkandidatin und ist heute nicht mehr Mitglied im Landtag. Vielleicht wäre mehr Verbundenheit zum eigenen Wahlkreis erfolgreicher gewesen. Ich persönlich hätte jedenfalls diesen Weg gewählt.

Mit Blick in die Zukunft möchte ich mit ganzer Überzeugung dafür plädieren, mehrere Kandidaturen nicht als Problem zu betrachten, sondern als Gewinn. Es ist kein Krampf. Vielmehr ist es eine Chance für die Demokratie und für die Parteien.

Seht es als Eure persönliche Chance an, wenn Ihr gemeinsam mit anderen für ein politisches Amt oder eine Position kandidiert. Seht es als Möglichkeit an, Euch persönlich weiterzuentwickeln und Euch und Eure Kandidatur zu pushen.

Es ist kein Weltuntergang, wenn eine Amtsinhaberin oder ein langjähriger Abgeordneter herausgefordert wird. Man kann den Wunsch oder den Drang verspüren, es anders zu machen. Vielleicht sogar besser. Und daher ist es absolut legitim, sich um diese Position zu bewerben. Mehr Einfluss und Macht gewinnen zu wollen, um seine eigenen Ideen und Ziele umsetzen zu können, ist vollkommen normal. Nach all meinen eigenen und beobachteten Erfahrungen muss ich sagen: Zu oft wurde ein solcher Auswahlprozess im Keim erstickt. Das wird mir mit ausreichend Abstand immer klarer.

Es ist aus meiner Sicht vollkommen natürlich, dass man sich als Politiker:in regelmäßig behaupten muss. Politik ist immer nur eine Aufgabe auf Zeit. Wenn man einen solchen Weg einschlägt, darf man das nie vergessen.

Daher finde ich es genauso falsch zu versuchen, Mehrfachbewerbungen zu verhindern oder sie zu verteufeln. Es ist kein neuer Vorgang und schon gar kein verwerflicher. Er ist absolut normal, ja, sogar notwendig, damit Demokratie funktioniert. Eine interessante Auswahl zu haben, würde ich sogar als Lebenselixier für Politik und Demokratie bezeichnen.

Wenn ich sehe, dass selbst die CDU Anfang 2021 bereits das zweite Mal in Folge eine größere Auswahl für den künftigen Bundesvorsitz hat und die SPD zuletzt einen umfangreichen Auswahlprozess für den neuen Vorstand durchgesetzt hat, stimmt mich das sehr positiv.

Für die Grünen ist es seit Jahrzehnten eine Selbstverständlichkeit, und auch Die Linke praktiziert es so. Wettbewerb als Grundlage für Demokratie scheint also zur Normalität zu werden.

Macht bitte alle genau weiter so und geht dabei fair miteinander um. Geht mit Eurer Auswahl geschlossen in den demokratischen Wettbewerb und streitet um Eure Mehrheiten in den Parlamenten.

3 Wo hört »Rechts« auf, wo fängt »Links« an?

»I set each stone and I hammered each nail. This house is not for sale.«
(This house is not for sale, Bon Jovi, 2019)

Wir leben in einer Zeit, in der Rassismus alltäglich geworden ist. Und es scheint mir schlimmer und schlimmer zu werden. Jedenfalls wenn ich es mit meiner Kindheit und Jugendzeit vergleiche.

Vielleicht bin ich als Migrantenkind aber auch sehr behütet aufgewachsen und habe heute ein nicht ganz repräsentatives Bild in Erinnerung. Weil ich schlicht Glück hatte? Auf jeden Fall kann ich mich nicht bewusst daran erinnern, aufgrund meiner Herkunft benachteiligt worden zu sein.

Merkwürdigerweise habe ich über diesen Teil meiner persönlichen Vergangenheit und eine mögliche rassistische Benachteiligung in meinem Leben erst verstärkt nachgedacht, als ich Bürgermeister wurde. So viele Bezirksbürgermeister:innen mit Migrationshintergrund gab es in Köln bisher nicht. Und in Kalk war ich definitiv der erste.

Aber das Thema wurde mir in meiner Rolle als Vertreter der Menschen in meinem Bezirk immer bewusster. Nicht nur bei den zahlreichen Gedenkveranstaltungen, wie zum Volkstrauertag, oder beim Besuch von Moscheen oder Unterkünften von Geflüchteten. Ich bin während meiner Zeit als Kommunalpolitiker regelmäßig mit Menschen ins Gespräch gekommen, die schlechte Erfahrungen gemacht haben und benachteiligt worden sind.

Wenn ich mich anstrenge, fällt mir vielleicht eine Lebensphase ein, in der ich möglicherweise mit einer Form von Rassismus in Kontakt gekommen bin. Während meiner Grundschulzeit hatte ich größere Probleme mit meiner Klassenlehrerin. War sie nur streng oder steckte vielleicht mehr dahinter? Waren möglicherweise meine italienischen Wurzeln der Grund dafür, dass ich beinahe die vierte Klasse wiederholt hätte? Ich weiß es nicht. Jedenfalls hatte ich damals große Probleme in der Schule und wäre heutzutage vielleicht besser gefördert worden als damals. Die Zeiten ändern sich natürlich. Vielleicht waren mir die damaligen Lehrmethoden schlicht nicht gewogen. Oder ich war einfach ein Spätzünder.

Aber wie gesagt: Es ist schwer zu sagen, und daher mag ich diese späten Vermutungen auch lieber zur Seite legen und davon ausgehen, dass ich schlicht eine glückliche Kindheit hatte.

Bei einem bin ich mir heute aber sicher. Es gab in all den Jahren einen unterschwelligen Rassismus in unserem Land, quer durch die Gesellschaft, der für gefühlte Ewigkeiten unterdrückt war. Wie sollte dieser nach dem Zweiten Weltkrieg auch einfach verschwinden? Und auch vor der Zeit der nationalsozialistischen Diktatur gab es natürlich Rassismus. In Deutschland und überall sonst in der Welt. Manche Menschen sahen und sehen sich halt immer in einem besseren Licht und höher gestellt gegenüber anderen.

In den Jahren meiner politischen Arbeit ist mir ebenfalls stark bewusst geworden, dass es einen schmalen Grat zwischen »Rechts« und »Links« gibt. Etwas, das ich in frühen Jahren nie erwartet hätte. Ideologisch geprägt sind »Rechts« und »Links« grundsätzlich weit auseinander. Jedoch kann man diese erstaunliche Nähe besonders gut in den klassischen Arbeitermilieus erkennen. Ich erinnere mich noch lebhaft daran, dass meine Frau und ich einmal im Jahr 2005 mit dem damaligen SPD-Vorsitzenden von Köln-Höhenberg abends im Veedel (so nennen wir in Köln unsere Quartiere und Stadtteile) beim örtlichen Griechen essen waren und Bekannte des Vorsitzenden trafen. Obwohl es sich um klassische SPD-Wähler handelte, hörten wir von ihnen Aussagen, die auch von Rechtsaußen hätten kommen können. Was mich damals noch überraschte, wurde über die Jahre zu einem wiederkehrenden Erlebnis.

Auch innerhalb der SPD. Über Jahre hinweg hat der frühere Berliner Finanzsenator Thilo Sarrazin die SPD mit rassistischen Äußerungen glatt tyrannisiert und teils auch tief gespalten. Es hat zwei erfolglose Parteiausschlussverfahren gebraucht und eine weitere Zuspitzung in Form eines islamkritischen Buchs Sarrazins, das gegen zentrale Grundsätze der SPD verstieß, um ihn letztlich loszuwerden. Ende Juli 2020 war diese unendliche Geschichte endlich vorbei. Aber es gab in der Partei auch Unterstützer von Sarrazin. So berichtete die Westdeutsche Zeitung am 27. April 2011 von einer Berliner Erklärung, die zum damaligen Zeitpunkt von über 2.000 Unterstützern unterzeichnet wurde und sich für einen Verbleib von Sarrazin in der SPD aussprach. Das zeigt zumindest in Teilen eine Zerrissenheit und zumindest bei manchen Genoss:innen eine Nähe zu seinen provokanten Äußerungen. Es ist eben ein schmaler Grat.

Was mich seinerzeit noch überraschte, wiederholte sich im Jahre 2021. Diesmal konnten wir bei der Linken in NRW erleben, wie mit Sahra Wagenknecht eine Person für die Spitzenkandidatur zur Bundestagswahl 2021 kandidierte und mit rassistischen Äußerungen und Forderungen in diesen innerparteilichen Wahlkampf zog. Migration als Grund für Lohndumping ist nur ein Beispiel dafür, weshalb es für diese Bewerbung so viel Kritik gab. Wagenknecht führte in ihrer Partei eine Neid- und vielleicht auch Opferdebatte gegenüber Minderheiten. Sie nutzte einfache und populistische Botschaften, um sich als Spitzenkandidatin in Stellung zu bringen.

Das ist auch vielen Genoss:innen der Linken zu viel gewesen, wenn ich mir die Reaktionen der mir nahestehenden Vertreter der Linken anschaue. Letztlich wurde Wagenknecht aber doch mit 61 Prozent bei zwei weiteren Bewerberinnen aufgestellt.

Diese Beispiele sind vielleicht auch eine Erklärung dafür, dass eine rechtsextreme Vereinigung und Partei wie ProKöln zu Beginn der 2000er-Jahre in Stadtteilen wie Höhenberg, Finkenberg oder auch Chorweiler so erfolgreich war. In prekären Verhältnissen ist es für manche Menschen wahrscheinlich von großem

Vorteil, wenn es jemanden gibt, dem man die Schuld geben kann. Es ist sehr praktisch, einen Sündenbock zu haben, den man als Bedrohung empfinden und bezeichnen kann. Den man abstempeln kann. Eine oder einer muss ja schuld sein an der eigenen Misere. Und wenn man mit der Politik einer SPD nicht mehr zufrieden ist – mal zu Recht und mal zu Unrecht – und wenn einen persönliche Schicksale wie Arbeitslosigkeit oder Arbeitsunfähigkeit hart treffen, dann ist das Kreuz bei einer sogenannten Alternative schnell gemacht.

Nur ist es nicht immer die Politik, die am rechten Rand fischt. Oftmals ist mir das im Alltag in Kalk begegnet. Auf der Straße, in der Kneipe oder auch vereinzelt in Vereinen. Nicht selten waren es Ur-Kalker:innen. Die Alt-Eingesessenen. Viele würde ich auch heute noch eher links als konservativ einordnen. Von ihnen hörte ich bekannte Sprüche wie »Die Ausländer auf der Straße, wegen denen man sich nicht mehr sicher fühlt, sind natürlich das große Problem«. Begriffe wie »Gesocks« kamen manchen Personen öfter von den Lippen. Oder auch: »Das ist doch alles nicht mehr Kalk!« Aber was war denn das alte Kalk? Nicht ein traditioneller Industriestandort, in dem schon über Jahrzehnte Menschen aus der Zuwanderung tatkräftig gearbeitet haben? Waren die Italiener, Türken und Griechen nach dem Krieg nicht wertvolle Mitarbeiter:innen bei der Chemischen Fabrik Kalk oder Klöckner-Humboldt-Deutz?

Was mich aber immer glücklich gemacht hat, war, dass diese Kommentare nie die Mehrheit dargestellt haben. Es waren Stimmen, doch sie waren Randerscheinungen. Denn Kalk – und das gilt auch für die vergleichbaren Nachbarquartiere - war immer ein ziemlich offener Stadtteil. Je bunter Kalk war, umso toleranter war es auch. Und dafür schlug mein Herz.

Interessanterweise werden meine persönliche Erfahrungen beim Lesen der Studie »Die geforderte Mitte« der Friedrich-Ebert-Stiftung bestätigt. Dort heißt es, »potenzielle Wähler:innen von Bündnis 90/Die Grünen neigen mit Abstand am seltensten zu populistischen oder rechtspopulistischen Einstellungen, während die Wähler:innen der CDU/ CSU, SPD und Linken zu rund einem Drittel mindestens in der Tendenz (rechts-)populistisch eingestellt sind.«[2] Spannend und erschreckend zugleich. Wenn wir manchem Vertreter der Union zuhören, zum Beispiel Friedrich Merz, erscheint das Spielen mit dem Populismus und das Fischen am rechten Rand fast normal. Aber erwartet man das im linken politischen Spektrum? Eigentlich nicht, und doch gibt es diese Tendenzen, wie mir mein Abendessen in Höhenberg immer wieder vor Augen führt. Es mag seltener stattfinden als am rechten konservativen Rand. Aber es gibt sie.

Was früher ProKöln war, ist heute die AfD. Im Gegensatz zu Pro-Köln hat sie es aber in unserem Land in erschreckender Weise geschafft, Rassismus und Fremdenfeindlichkeit in der Breite salonfähig zu machen.

Vor 20 Jahren hätte sich »Jana aus Kassel« wahrscheinlich nicht vor laufende Kameras gestellt und bei einer Querdenker-Demonstration mit Sophie Scholl verglichen. Brennende Flüchtlingsunterkünfte waren in den 1970er- und 1980er-Jahren undenkbar, und ein gewalttätiger Mob, der Minderheiten durch Innenstädte jagt, sowieso. Leider ist das anders geworden.

Ich bin froh, dass ich in meiner aktiven Zeit und darüber hinaus nicht erleben musste, dass sowas in meinem Stadtbezirk oder meiner Stadt passiert. Ich erinnere mich aber noch zu gut daran, wie es war, als gegen die Einrichtung einer Flüchtlingsunterkunft im Stadtteil Brück – ein Veedel mit guten sozialen Strukturen – mobil gemacht wurde. Wir wollten hierzu in unserem Bezirksparlament einen Beschluss fassen. Man rief mit einem Flugblatt energisch zur Demonstration in unserem Rathaus gegen dieses Vorhaben auf, und eine größere Gruppe fand tatsächlich den Weg in die Sitzung. Ein bedrohlicher Moment. Hierauf komme ich später noch einmal im Detail zurück.

Die Baumanns, Gaulands, Weidels, von Storchs, Höckes oder auch die hiesigen Beisichts, Kurths & Co. – sie eint vor allem eines: Sie bauen Fronten und Mauern auf, fördern knallharten

Egoismus und suchen sich Sündenböcke, auf die sie ihren Hass projizieren können. Diese Strategie hat leider funktioniert.

Diesen traurigen Erfolg finden wir heute in vielen gesellschaftlichen Ebenen wieder. Zum Beispiel hat erst im Sommer 2021 der Vorstandsvorsitzende des Tourismusverbandes Dresden, Johannes Lohmeyer, gegen die neue »heute«-Moderatorin Jana Pareigis Ende Juli 2021 öffentlich auf Twitter gehetzt. Der Grund: Sie hat eine dunkle Hautfarbe.

Lohmeyer ist aber nicht irgendwer. Er ist Tourismuschef der Hauptstadt des Bundeslandes Sachsen, und seine Aufgabe ist es, um Besucher und Touristen zu werben und Dresden attraktiv zu verkaufen. Ein interessantes Aushängeschild.

Hass wird alltäglicher. Die Hürden, diesen in die Öffentlichkeit zu tragen, gleichzeitig scheinbar geringer. Wahrscheinlich bringt auch die hundertprozentige Erreichbarkeit in unserer Gesellschaft und die Möglichkeit, sofort seine Inhalte über Netzwerke wie Twitter, Telegramm und Co. online zu stellen, deutlich mehr ans Tageslicht. Aber dennoch bin ich davon überzeugt, dass es vor einigen Jahren gewisse Grenzen gab, die nicht überschritten wurden. Das erscheint mir heute anders. Und viele Menschen springen auf diesen Zug mit auf.

Das habe ich auch bei uns erleben müssen. In meiner aktiven Zeit bin ich bei Facebook natürlich in den einzelnen Stadtteil-Foren meines Bezirks unterwegs gewesen. Eigentlich ist das ganz praktisch. Man bekommt viel mit, kann sich einbringen, sich um Themen kümmern und Position beziehen. Ich weiß nicht mehr genau, wann es gekippt ist. Doch der Ton in diesen Gruppen ist irgendwann rauer geworden. Noch nicht mal untereinander, sondern vor allem gegen die Politik. Man kommt sich manchmal vor, als käme man aus einer anderen Welt. Dabei ist Politik meines Erachtens nur ein Spiegelbild der Gesellschaft. Und doch sind die »Politiker die Verbrecher, die sich die Taschen vollmachen«. Und die »machen doch ohnehin nur, was sie wollen!« Das sind nur harmlose Beispiele. Zu allem gibt es stets amüsante Memes, die das digitale Draufkloppen auch noch witzig erscheinen lassen und die man leicht teilen kann.

Was macht man? Ignorieren? Auseinandersetzen? Die Erfahrung zeigt, dass Diskutieren bei vielen nicht mehr weiterhilft. Im Zweifel hat man den »Anständigen« gegenüber, die einen auch wahrnehmen, nochmal Flagge gezeigt. Aber erreicht man so die Hetzer? Eher nicht. Vielleicht ist es ein Gewinn des Ganzen, wenn die tolerante Mehrheit doch eine Reaktion als Zeichen gegen diesen Rassismus sieht. Aber vergnügungssteuerpflichtig ist es definitiv nicht.

Auch Angriffe gegen jüdische Einrichtungen in unserem Land sind leider keine Seltenheit mehr. So der tragische Anschlag auf die Synagoge in Halle am 9. Oktober 2019 oder die Attacken auf die Synagogen in Bonn und Münster Mitte Mai 2021.

Und Antisemitismus gibt es auch im toleranten Köln. So hat es in meiner Heimatstadt im Jahr 2021 tatsächlich 55 antisemitische Vorfälle gegeben, die das NS-Dokumentationszentrum in seinem Jahresbericht dokumentiert hat[3]. Darunter fallen gewalttätige Angriffe, Bedrohungen und Sachbeschädigungen sowie verletzendes Verhalten.

Wie gehen wir mit dieser Erkenntnis um? Hass wird allgegenwärtig und führt zu Gewalt. Was kann die Lösung gegen diese falsche Entwicklung sein?

Liegt es nur daran, dass sich Menschen abgehängt fühlen? Von der Gesellschaft ausgegrenzt und auf der Suche nach einem Ventil? Ist es die Angst vor dem Abstieg, der zu dieser Form des Extremismus führt?

Verwunderlich wäre diese Entwicklung in einem Land nicht, in dem die soziale Spaltung stetig voranschreitet und die Kluft zwischen Arm und Reich immer größer wird. In einem Land, in dem selbst eine gut gebildete Mittelschicht nicht unberechtigt das Gefühl hat: Wir sind zu reich, um arm zu sein, und zu arm, um reich zu sein.

Das ist auch in meinem Stadtbezirk Kalk so. Mit seinen rund 120.000 Einwohnern und acht sehr unterschiedlichen Stadtteilen ist er ein guter Durchschnitt der Gesamtstadt Köln. Immerhin gibt es im Westen des Bezirks Stadtteile wie das Bezirkszentrum Kalk, die sehr innenstadtnah und eng bebaut sind. Die guten alten Arbeiterquartiere. Heute teils hip. Im Osten dagegen vorortnahe Stadtteile, teils dörflich geprägt. In Summe also eine große Bandbreite. Und egal ob Kalk, Vingst, Brück oder Rath/Heumar – ich bin sicher, dass sich die Mehrheit dort nicht als reich betrachtet.

Laut Armuts- und Reichtumsbericht der Bundesregierung gilt man als reich, wenn man das Doppelte oder Dreifache des Durchschnittsnettoeinkommens verdient.[4] Das bedeutet, dass man als Single mit rund 3.500 Euro netto reich ist. Diesen Ansatz halte ich für falsch, denn wenn alle zu wenig verdienen, sind die oberen 20 Prozent noch lange nicht reich. Das sagt aber selbst die Bundesregierung. Also ist man rein statistisch schnell oben angekommen. Doch wer bei uns fühlt sich tatsächlich als reich?

Fühle ich mich selbst reich? Ich empfinde das nicht so. Fühlen sich meine Nachbarn und Freunde reich? Wahrscheinlich sehen sie es ähnlich.

Wie ist das in Kalk? In einem Stadtteil, in dem es vor Jahren (vielleicht sogar noch heute) Wohnungen *ohne* Heizung gab und der nun einen absoluten Run erlebt, sodass die Mieten steigen und steigen.

Die Bodenrichtwerte (der Wert von Grundstücken) bei uns in Köln und natürlich in vergleichbaren Regionen steigen seit Jahren. Die Grundstückspreise explodieren.

Auch die Verbraucherpreise kennen nur einen Weg: nach oben. Nicht nur Öl und Gas sind (auch dank des Russlandkriegs in der Ukraine) gestiegen. Lebensmittelpreise schießen hoch. Zum einen wegen der Verfügbarkeit, zum anderen aufgrund teurerer Produktionsbedingungen. Davon sind vor allem Menschen mit Lebensmittelkrankheiten beziehungsweise -unverträglichkeiten betroffen, wenn laktose- und glutenfreie Produkte keine Szene-Entscheidungen sind, sondern eine gesundheitliche Notwendigkeit.

Wer fühlt sich wirklich reich, wenn wir all das und noch viel mehr bedenken? Wahrscheinlich die wenigsten.

Die Mittelschicht trägt eine große Last in der Gesellschaft und ist der Motor unseres Landes. Das ist etwas, was einem auch in den beiden Corona-Jahren immer auffälliger bewusst wird. Denn sind es doch oft die jungen Familien mit beiden Eltern im Job, die nebenbei auch noch das Homeschooling übernehmen müssen, weil es Bundes- und Landesregierungen nicht besser hinbekommen. Der Druck ist groß, der Schimmer am Horizont oft weit entfernt.

Dann wäre der Schlüssel zur Lösung dieses Problems, endlich und ernsthaft diesen Menschen eine Perspektive zu bieten. Entlastung und Förderung. Den Menschen muss in ihrer Sackgasse ein Ausweg geboten werden. Wenn gleichzeitig starke Schultern auch mehr leisten würden, wäre sofort viel gewonnen.

Beim Blick in den Kölner Lebenslagenbericht von 2020[5] wird klar, dass die oberen 10 Prozent (7.500 Euro) unserer Einwohner:innen rund sechsmal so viel im Monat verdienen wie die unteren 10 Prozent (563 Euro). Und der Sprung vom neunten Zehntel (3.250 Euro) zu den oberen 10 Prozent ist mehr als doppelt so groß. Die Stadt Köln bescheinigt, dass die Einkommensungleichheit in Köln höher ausgeprägt ist als in NRW und auf Bundesebene.

Die größte Gefahr, von Armut betroffen zu sein, haben laut Lebenslagenbericht Menschen mit Migrationshintergrund (38 Prozent haben ein Einkommen unterhalb der Armutsgrenze). Wenn ich mir die soziale Struktur meiner Stadt und vor allem meines Stadtbezirks anschauen, komme ich ziemlich schnell ins Grübeln. Im gesamten Stadtbezirk Kalk liegt diese Quote laut den statistischen Informationen der Stadt Köln[6] bei rund 56 Prozent. Der Stadtteil Kalk ist noch nicht mal die Spitze (rund 63 Prozent), die Stadtteile Neubrück (rund 67 Prozent) sowie Vingst und Ostheim mit einem Anteil von rund 66 Prozent liegen noch weiter vorn. Stadtweit liegt der Anteil bei rund 40 Prozent.

Es fehlt also mehr soziale Gerechtigkeit. Das klingt unglaublich einfach und platt. Aber ich glaube, so ist das. Man muss es also einfach mal machen. Richtig machen und eben eine Perspektive aus der Sackgasse bieten.

Natürlich ist auch Bildung ein gewichtiger Schlüssel in dieser Debatte. Warum gönnen wir uns in diesem Land eine unsoziale und ungerechte Bildungsstruktur, die bekanntlich die Starken fördert und die Schwächeren viel zu früh aussortiert und abstempelt? Und das auch noch in 16 verschiedenen Systemen. In jedem Bundesland anders.

Das deutsche Bildungswesen ist sehr unterschiedlich und historisch gewachsen. Und doch geht es keiner an und löst die Probleme. Die Länder geben ihre Hoheit über ihre Befugnisse in der Bildungsfrage schlicht nicht ab. Egal, welche Partei gerade regiert. Egal, ob sie wissen, dass diese Dezentralität ein Problem darstellt. Und machen wir uns nichts vor: Sie wissen es alle, und das ist frustrierend.

Aber dann müssen wir uns auch nicht wundern, wenn wir in vielen Ecken unseres Landes einen niedrigeren Bildungsstand haben, der Menschen am Ende empfänglicher für extreme Positionen macht.

Das Bildungsproblem macht sich vor allem an fehlenden Schulen bemerkbar. Köln steht dabei vor großen Herausforderungen. So fehlen zum Jahr 2023 ungefähr 54 Schulen, davon 30 Grundschulen, 13 Gesamtschulen und acht Gymnasien. Das alles, um den heutigen und künftigen Bedarf einer wachsenden Metropole decken zu können.

Diesen Mangel spüren Eltern jedes Jahr von Neuem, wenn sie bangen müssen, an ihrer Wunschschule einen Platz für ihre Kinder ergattern zu können. Das betrifft Anfang 2023 zum Beispiel rund 700 Kinder, die gerne eine Gesamtschule besuchen möchten, aber keinen Platz finden[7]. Zahlen, die wir jedes Jahr von Neuem in den Medien finden.

Das sieht in meinem Stadtbezirk Kalk nicht anders aus. Viele Jahre haben wir uns für den Ausbau des Schulangebots eingesetzt. So zum Beispiel für eine neue Gesamtschule im Stadtteil Kalk und eine weitere im Bereich Höhenberg und Rath/Heumar im Osten des Bezirks. Wir haben kreative Ideen wie die Umwandlung einer Hauptschule in den Ring geworfen, für die es immer weniger Schulanmeldungen gibt, um ans Ziel gekommen. Es wird niemanden überraschen: Keine dieser Schulen gibt es bis heute. Wer diese Lücke füllt, ist derzeit das Erzbistum Köln. In Kalk wird eine »Schule für alle« gebaut. Im Grunde eine Gesamtschule. Doch am Ende übernimmt das Erzbistum eine Aufgabe, die der Staat selbst nicht füllt.

Nicht nur weiterführende Schulen fehlen. Die Schulentwicklungsplanung der Stadt zeigt, dass bei der Hälfte der Stadtteile im Bezirk Kalk neue Grundschulen und der Bedarf für mindestens neun Züge an zusätzlichen Plätzen bestehen. Wenn man bedenkt, wie lange es braucht, bis diese Schulen gebaut werden, mache ich mir große Sorgen. Und dann haben wir noch nicht darüber gesprochen, dass es auch genug Lehrer geben muss, um all die Schüler:innen zu unterrichten.

Ich bin davon überzeugt, dass Politik viele Menschen in unserem Land gar nicht mehr erreicht. Entweder sie kommt überhaupt nicht mehr zu einer Vielzahl von ihnen, oder sie erklärt den Menschen ihr Handeln nicht mehr verständlich genug. Das Ergebnis ist, dass die Menschen abschalten.

Aber genau das muss die Politik tun. Bundeskanzler:innen müssen ihre Politik und ihre Motive verständlich erklären. Regelmäßig. Das passiert mir viel zu wenig. Wenn Politik die Menschen nicht spürbar erreicht, sind sie für die Gesellschaft im schlimmsten Fall verloren. Dabei müssen sie für Demokratie und Politik viel mehr gewonnen werden. Sie müssen zurückgeholt werden ins Team Gesellschaft.

Das ist nicht so leicht. Wie können wir die Menschen aus der beschriebenen Falle befreien und ihnen vielleicht sogar die Freude für Demokratie zurückgeben?

Der Umgang untereinander muss sich verändern. Politik muss aus meiner Sicht Vorreiter sein. Sie muss ein Vorbild sein. Es geht zum Beispiel darum, nicht immer auf die Konkurrenz draufzuhauen. Sie gegen ihn, er gegen sie. Sich bekämpfende Politiker:innen sind nicht attraktiv und eben ein schlechtes Vorbild. Wer will sich dann noch mit ihnen beschäftigen und sie unterstützen?

Und damit Politik andere Menschen wieder begeistern kann, muss sie sich erst einmal selbst begeistern und vor der eigenen Haustüre kehren. Nicht selten habe ich junge Menschen in die Partei eintreten sehen. Motiviert, mit dem Wunsch, sich zu engagieren. Mal kleinteiliger, manchmal mit größeren Ambitionen. Nicht wenige sind irgendwann wieder weg gewesen. Manchmal sind sie einfach verschwunden, manchmal auch mit einem Knall. Woran liegt das? Teilweise sind es alte Parteistrukturen, die nicht wirklich Freude zur Mitarbeit machen. Wenn zum Beispiel Neumitglieder gerne über Außen- oder Sozialpolitik sprechen möchten, in ihren Ortsvereinen aber in zähen Sitzungen nur über Parkplätze debattieren können, dann ist das natürlich nur ein Beispiel, aber es kommt vor. Genauso wie überalterte Strukturen, die sich nur langsam modernisieren und in denen sich Neulinge immer hinten anstellen müssen. Auch wenn Letzteres etwas ist, was sich schon deutlich verbessert hat. Doch es kommt vor und motiviert nicht unbedingt zum Verbleiben im Team Demokratie.

Auch Streitereien innerhalb von Parteien verursachen frühzeitig Verdruss und sind alles andere als attraktiv für ein Ehrenamt. Auch den »Mist der Oberen« abzubekommen, ist kein Vergnügen. Ich fand es immer sehr frustrierend, wenn man zum Beispiel im Kommunalwahlkampf an Ständen für die Bundespolitik von den Menschen abgestraft wurde. Da konnte man noch so gute Konzepte und Ideen haben, noch so überzeugende Kandidat:innen stellen. Nicht selten wurde man von den Politgrößen über einem überstrahlt und musste ausbaden, was woanders verbockt wurde. Das macht nicht wirklich Spaß. Ich hab es letztlich immer ertragen, abgehakt und das Beste draus gemacht. Da muss man durch. Und es gelingt auch manchmal, sein Gegenüber zu gewinnen und umzustimmen. Dafür hatte ich Talent, und ein Erfolgserlebnis verdrängt den Frust. Ich habe aber auch Mitglieder im SPD-Ortsverein gesehen, die darauf irgendwann keine Lust mehr hatten.

Neue Mitglieder zu integrieren, ist eine wichtige Sache. Jeder muss mal gehen, und wer kommt dann?

Es geht darum, die Themen zu identifizieren, die die Menschen wirklich umtreiben. Das geht aber nur, wenn man bei den Menschen ist. Mit ihnen spricht und ihnen vor allem zuhört. Das bedeutet, sich aus der eigenen Komfortzone herauszubewegen. Das macht nicht immer Spaß. Aber es lohnt sich, seine eigene kleine Blase zu verlassen und sich auf die anderen verschiedenen und manchmal auch fremden Welten einzulassen.

Das geht natürlich nicht mal eben so und wie von selbst. Da steckt Arbeit hinter. Man muss zunächst bereit sein, einiges ertragen zu können. Nämlich, dass man mit seinen Positionen nicht überall ankommt. Dass man vielleicht ganz schön runtergemacht wird. Nicht nur von einer Person, sondern im Zweifel von einem ganzen Rudel Unzufriedener.

Mit allgemeinen Antworten kommt man da oft nicht weiter und muss schon tief in den Themen wie Sozial- oder auch Verkehrspolitik stecken. Man braucht konkrete Beispiele, über die man sprechen kann und mit denen man Menschen überzeugen möchte. Sich das zu erarbeiten, braucht Zeit. Aber das ist ohnehin das Handwerkszeug für eine politische Karriere.

In die Arena der Basis zu gehen, dort, wo einem nicht immer zugejubelt wird, dort, wo man sich etwas – teils hart - erarbeiten muss. Wenn man aus Diskussionen vielleicht drei, vier Mal nicht als Sieger rausgeht. Vielleicht jedoch beim fünften oder sechsten Mal. Wenn man nicht locker lässt und am Ende beweisen kann, dass man was organisiert und umsetzt. Dann hat man was erreicht. Nachhaltig. Dann überzeugt man Menschen, die einem vorher skeptisch gegenüberstanden.

Die Komfortzone zu verlassen, bedeutet auch zu lernen. Denn außerhalb unserer eigenen Blase schlummern der große Wissensschatz, die Erfahrung und so manch lehrreiche Lektion. Andere Meinungen helfen einem, sein eigenes Bewusstsein zu erweitern und neue Lösungen und Möglichkeiten zu finden.

Das lohnt sich. Es macht am Ende auch Spaß. Vielleicht nicht am Anfang und schon gar nicht immer. Es ist jedoch sehr wertvoll.

Meiner persönlichen Erfahrung nach macht es sogar Sinn, sich verstärkt außerhalb der eigenen Blase zu bewegen. Zum Beispiel als Sozialdemokrat in gutbürgerlichen, konservativeren Kreisen, in denen es vielleicht keinen Blumentopf zu gewinnen gibt. In diesen gegensätzlichen Strukturen ist es manchmal mühselig, Anerkennung zu finden. Am Ende weiß man aber, wer ein verlässlicher Partner ist. Da zählt dann nicht mehr unbedingt die erste Parteibuch-Präferenz, sondern dass man sich selbst einen guten Ruf als Kümmerer erarbeitet hat.

Wie gesagt, das kostet Zeit, und manches geht unter die Räder. Vielleicht das Privatleben. Vielleicht verliert man auch Zeit, die man für andere politische Themen aufbringen möchte.

Dann muss man priorisieren. Doch das ist es wert. Denn es führt dazu, dass man ganz andere Vorstellungen und Einsichten erhält. Der Glaube an die eigenen uralten politischen Bibelsätze wie zum Beispiel der: »Nur die SPD kann Sozialpolitik!« »Verkehr ist vor Ort das wichtigste Thema!« »Die Bürger:innen müssen die eigene Positionen natürlich teilen, denn wir finden sie richtig und wir sind die Guten!« Das ist vielleicht schon lange überholt. Ich habe es selbst oft genug erlebt, dass man sich politisch mit Inhalten beschäftigt, die man für richtig hält. Da draußen interessiert es dann aber möglicherweise keinen.

4 Gewaltenteilung schwer gemacht

»This could be Heaven or this could be
Hell. Then she lit up a candle and she
showed me the way. There were voices down
the corridor, I thought I heard them say.«

(Hotel California, Eagles, 1976)

Die Politik beschließt Initiativen und setzt den großen Rahmen.
Die Stadtverwaltung setzt diese Beschlüsse um. So könnte man
das politische System in deutschen Städten in zwei Sätzen ver-
einfacht erklären. Beide Seiten haben klare Aufgaben. Der Alltag
ist allerdings weitaus komplizierter.

Verwaltung macht zu oft Politik, Politik verwaltet hingegen immer öfter. Prozesse dauern damit viel zu lange. Eine Rückbesin-
nung auf die eigenen Aufgaben täte gut, ist aber nicht so einfach,
wie man meinen könnte. Denn dass Politik verwaltet, hat einen
Grund.

Was mich in den letzten Jahren meiner politischen Arbeit immer mehr gestört hat, ist die fehlende Umsetzung von Beschlüssen durch Teile der Kölner Stadtverwaltung. Woran liegt das?

Zum einen fehlt Personal. Jahrelang herrschte überall in unserem Land das Mantra, Personal abzubauen. So sucht man in
manchen Bereichen händeringend Mitarbeiter, und einiges an Arbeit bleibt auf der Strecke. Die Kölner Stadtverwaltung hat rund
20.000 Mitarbeiter, fast vier Mal so viele Angestellte wie die EU-
Kommission in Brüssel. Und doch ist es zu wenig und eine viel zu
hohe Krankenquote ergänzt das Dilemma. Das kommt nicht von
ungefähr und erklärt auch die bestehenden Kapazitätsengpässe.

Schlimmer war für mich aber, dass viele unserer Beschlüsse
schlicht ignoriert wurden.

Doch bevor ich loslege und tief in meine Frustration einsteige, ist es vielleicht sinnvoll zu beschreiben, wie wir überhaupt zu den ignorierten Beschlüssen kommen. Wie funktioniert Kommunalpolitik?

Nehmen wir das Beispiel Köln. Bei der in der Regel alle fünf Jahre stattfindenden Kommunalwahl in NRW wählen die Kölner:innen ihre politischen Vertreter:innen und haben hierfür grundsätzlich drei Stimmen. Die erste Stimme ist für die Kandidat:innen für das Amt der Oberbürgermeisterin beziehungsweise des Oberbürgermeisters. Diese direkt von den Bürger:innen gewählte Person ist Chef oder Chefin der Stadtverwaltung und hat disziplinarische Befugnisse. Diese Position ist hauptamtlich, sodass Oberbürgermeister:innen Berufspolitiker:innen sind.

Die zweite Stimme ist für den Stadtrat. Man kann aus Kandidat:innen aus seinem Stadtteil auswählen. Die Person mit den meisten Stimmen zieht in den Stadtrat ein und anhand des gesamtstädtischen Ergebnisses an Ratsstimmen ermittelt sich, wie viele Sitze die einzelnen Parteien im Rat haben. Der Stadtrat ist am Ende für alle übergeordneten Themen zuständig. Aber Stadträte sind Ehrenamtler.

Die dritte Stimme ist für die Bezirksvertretung des Stadtbezirks. In Köln gibt es neun Bezirke. Mit seiner Stimme wählt man die präferierte Partei aus. Die Bezirksvertretungen wählen aus ihrer Mitte die Bezirksbürgermeister:innen. Es muss also ein Mitglied des Bezirksparlaments sein. Anders als bei den Oberbürgermeister:innen haben die Bezirksbürgermeister:innen keine disziplinarischen Befugnisse innerhalb der Verwaltung. Sie sind Repräsentanten (sozusagen kleine Bundespräsident:innen in ihrem Bezirk) und – wie ich es selbst lebte – die Lobbyisten ihres Bezirks. Die Bezirke sind im Wesentlichen für Themen zuständig, die nur den eigenen Raum betreffen. Auch die Bezirksvertreter:innen sind ehrenamtlich aktiv.

Wenn die Bezirksvertretungen oder der Stadtrat Beschlüsse fassen, müssen sie am Ende von der Stadtverwaltung umgesetzt werden. Und genau da hakt es häufig. Eine Umsetzung ist kein

Selbstläufer. Man muss hinterher sein, nachfassen. Nicht selten Druck aufbauen. Das ist vor allem meine Aufgabe als Bezirksbürgermeister gewesen: mich für die beschlossenen Anträge und Projekte einsetzen und dafür werben.

Nun zu meinem Frust. Es herrscht manchmal eine Art Arbeitsverweigerung. Da ist es zum Beispiel egal, ob man mit einer breiten politischen Basis mit über 100 interessierten Bürgerinnen und Bürgern an der Neugestaltung der Rösrather Straße in Rath/Heumar arbeitet und sehr umfangreiche und wohl durchdachte Beschlüsse fasst.

Worum ging es bei unseren Plänen? Wir haben uns zum einen für eine Verkehrsberuhigung (insbesondere um eine Minimierung des Lkw-Verkehrs) in einem eng bebauten Ortskern eingesetzt, für die Steigerung von Lebens- und Aufenthaltsqualität und für bessere Chancen für den Einzelhandel.

Die Verwaltung lehnte die Umsetzung dieser Pläne schlicht ab. Die Begründung war halbherzig und widersprüchlich. So könne es keine Geschwindigkeitsbegrenzung geben, weil sie den Durchgangsverkehr behindern würde. Genau das war ja das Ziel. Verkehrsberuhigung. Mehr Sicherheit und mehr Lebensqualität. Und in anderen Stadtteilen mit ähnlichen Transitstrecken wurden vergleichbare Beschlüsse zur selben Zeit sehr wohl umgesetzt. Ich kenne 30er- und auch 20er-Zonen in anderen Kölner Stadtteilen: Ehrenfeld, Dellbrück und Holweide sind nur drei Beispiele. Das hätte dort dann ebenfalls nicht umgesetzt werden dürfen. Wurde es aus gutem Grund aber schon. Übrigens ist heute, sechs Jahre nach dem politischen Auftrag, in Rath/Heumar noch immer nichts passiert.

Ein weiteres Beispiel lässt mich heute noch fassungslos zurück. Eines meiner wichtigsten politischen Themen war die Entwicklung der alten »Hallen Kalk«. Hierbei ging es um die künftige Gestaltung und Nutzung der historischen und ehrwürdigen Industriehallen im Süden des alten Industriezentrums. 2013 hatte ich dieses Vorhaben in den politischen Fokus gerückt und freute mich über die große Unterstützung der anderen Parteien. Wir haben ein erfolgreiches Projekt auf den Weg gebracht und gemeinsam mit der Stadtverwaltung und interessierten Bürger:innen einen Plan erarbeitet, wie das ehemalige Industriegelände künftig aussehen soll. Hierzu später nochmal mehr.

In diesem Zusammenhang gab es Gespräche mit und über die Kammeroper, die als große Kultureinrichtung zurück nach Köln wollte und gerne in die alte Schauspielhalle in Kalk gezogen wäre. Sie war zu diesem Zeitpunkt in Pulheim ansässig, einer kleineren Stadt mit rund 54.000 Einwohnern vor den Toren Kölns. Die alte Kalker Schauspielhalle wurde damals nicht für öffentliche Aufführungen genutzt, sondern nur für schauspielinterne Zwecke, was sehr schade war.

Die Kammeroper bot ein attraktives kulturelles Angebot, welches auch für die Bevölkerung vor Ort interessant gewesen wäre. Wir hätten eine großartige und seit Jahren nicht genutzte Veranstaltungshalle mit Leben gefüllt und ein attraktives Entree für das neu zu entwickelnde Gelände der Hallen Kalk geschaffen. Diese Eventhalle hätte darüber hinaus auch für weitere Konzerte und Aufführungen genutzt und von örtlichen Vereinen und Institutionen gemietet werden können.

Leider wurden meine Anfragen für meine Initiative an die damalige Kulturdezernentin Susanne Laugwitz-Aulbach ignoriert und trotz mehrmaliger Nachfragen und öffentlicher Kritik in den Kölner Medien und in öffentlichen Sitzungen des Bezirksparlaments nie beantwortet. Auch im Rahmen des großen Werkstattverfahrens für das gesamte Areal habe ich versucht, dieses Projekt zu positionieren. Irgendwann war die Chance einer Ansiedlung jedoch verpufft, und bis heute gibt es kein öffentliches Kulturangebot in der Veranstaltungshalle.

So geht es oft zu in Kommunen. Eine große Chance wurde vertan und den kommunalpolitisch Verantwortlichen, die das im unentgeltlichen Nebenjob machen, ein hohes Maß an Respektlosigkeit gezeigt. Wenn man so mit dem Bezirksbürgermeister umgeht, wie ist das dann bei »einfachen Bürgern«? Wenn diese nicht den gleichen Zugang zu den Verantwortungs- und Entscheidungsträgern der Stadt haben wie jemand, der politisch oben mitspielt? Aber was hilft der Zugang, wenn man am Ende doch nicht weiterkommt. Wie soll man so etwas den Menschen vor Ort erklären?

So verpufft gesellschaftliches Engagement, und man muss sich nicht wundern, wenn die Bürger:innen den Glauben daran verlieren, dass man etwas ändern kann. »Die da oben machen doch sowieso, was sie wollen«.

Das ist ein Satz, den man leider häufig hört. Manchmal haben die Menschen damit recht. Aber leider bekommen oftmals die falschen Personen diese Sprüche ab.

Ein weiteres politisches Thema, auf dessen Umsetzung ich bis heute warte, ist die von meinen Kalker Kolleg:innen und mir gestartete Initiative zum Ausbau der Mobilität im rechtsrheinischen Köln. Große Themen brauchen ihre Zeit. Das ist eine Selbstverständlichkeit. Daher haben wir 2014 in einem gemeinsamen Antrag mit Die Linke und der FDP bereits in der ersten Arbeitssitzung der neuen Ratsperiode 2014/2020 ein umfangreiches und sehr durchdachtes Antragspaket zum Ausbau des Öffentlichen Personennahverkehr (ÖPNV) im Stadtbezirk Kalk und des rechtsrheinischen Kölns auf den Weg gebracht.

Ein Schwerpunkt unserer politischen Forderung war der Ausbau der Busverbindungen und insbesondere die stärkere Vernetzung zwischen dem rechtsrheinischen Norden und Süden.

Noch heute ist die Situation aus meiner Sicht ein großes Problem. Man kommt aus den Randbezirken gut in die Kölner Innenstadt hinein, und auch die Ost-West-Verbindungen sind ordentlich ausgebaut. Doch die nord-südliche Vernetzung zwischen den einzelnen Stadtteilen ist einer Metropole nicht immer würdig. Insbesondere dann, wenn wir das Ziel haben, den ÖPNV auszubauen und den Verzicht aufs Auto attraktiv zu machen. Wir wollten die Verkehrswende bei uns vor Ort in Schwung bringen.

Und weil wir wussten, dass man ein solch umfangreiches Vorhaben nicht von heute auf morgen umsetzen kann und seine Planung – besonders im Zusammenspiel mit anderen Projekten und zusetzenden Prioritäten – ausreichend Zeit benötigt, wollten wir unsere Initiative frühzeitig auf den Weg bringen.

Man könnte ja meinen, dass dann zum Ende der Ratsperiode im Jahr 2020 alles umgesetzt wäre. Dass aber in 2023 – neun Jahre später – so gut wie nichts passiert ist, ist für mich persönlich als auch für die Menschen vor Ort ein Schlag ins Gesicht. Man kann eine solche Entwicklung nicht mehr erklären. Ich kann es jedenfalls nicht. Man verliert als Politiker vor Ort jegliche Glaubwürdigkeit. Und diese Glaubwürdigkeit ist doch das einzige Pfund, mit dem man sich in der Politik behaupten kann. Ob du nun schuld bist oder nicht: Die Verantwortung klebt an dir.

Mir persönlich war es immer wichtig, Verantwortung zu übernehmen. Ich wollte als Politiker meine Stadt positiv verändern und meine Quartiere weiterentwickeln. Aber wenn man nicht weiterkommt und beobachten muss, dass es woanders doch geht, wenn man keine nachvollziehbaren Erklärungen für den Stillstand erhält, dann ist Aufgeben manchmal die letzte Option. Leider.

Zur Wahrheit gehört aber auch, dass wir nicht die vielen Mitarbeiter:innen und Führungskräfte vergessen sollten, die täglich in der Kölner Stadtverwaltung arbeiten und unsere Stadt besser machen. Auf viele Kolleg:innen innerhalb der rund 20.000 Mitarbeiter:innen starken Verwaltung kann man sich verlassen und mit ihnen im engen Austausch viel bewegen. Es geht mir nicht um ein pauschales Draufhauen. Und doch hab ich nicht immer die besten Erfahrungen als Ehrenamtler gemacht.

Die Voraussetzungen für ein erfolgreiches Verwaltungshandeln, welches alle glücklich machen kann, sind natürlich nicht einfach. Es fehlt in vielen Bereichen der Stadtverwaltung ständig Personal. Wie schon dargestellt, gab es zu lange den falschen Glauben, dass man mehr und mehr Personal abbauen muss. Das rächt sich heute.

Die Aufgaben werden nicht weniger. Natürlich nicht. Ständig kommen neue Anträge und Initiativen der Kommunalpolitik hinzu. Weitere Ereignisse (zum Beispiel die Corona-Pandemie) platzen unvorhergesehen in unser Leben. All die politischen Pläne muss man erst mal umsetzen. Das muss man fairerweise erwähnen. Vielleicht sollte sich die Kommunalpolitik auch manchmal mit Beschlüssen zurückhalten. Viele Themen lassen sich auch ohne Anträge und Anfragen, die stets einen größeren Verwaltungsaufwand verursachen, über kurze Wege mit der Stadtverwaltung umsetzen.

Ich für meinen Teil habe dies häufiger so versucht, und man kann sich dann auch ohne Anträge noch öffentlich feiern lassen. Oder beschimpfen. Je nach Lust und Laune.

Was ist nun die Lösung?

Aus Sicht eines ehemaligen Bezirkspolitikers sicherlich erst mal ein Agieren auf Augenhöhe. Sowohl mit der Ratspolitik als auch mit der Verwaltung.

Zu oft hatte ich das Gefühl, dass wir Vertreter aus den Bezirken – übrigens parteiübergreifend – als lästig empfunden wurden. Auch von den eigenen Leuten. Im Stadtrat spielt halt vermeintlich die richtige Musik. Aber beide politischen Ebenen sind in einer Metropole wie Köln wichtig und sollten dementsprechend zusammenarbeiten.

Ich glaube, dass eine noch bessere und umfangreiche Kommunikation zwischen allen Beteiligten hilfreich ist. Wenn politische Initiativen aus Sicht der Verwaltung nicht umsetzbar sind oder andere Prioritäten bestehen, ist es hilfreich, hierzu in einen geeigneten Austausch zu gehen.

Es ist auch vollkommen in Ordnung, wenn jede Ebene unterschiedliche Ziele hat. Und es ist genauso richtig, dass man sich einmal nicht einigt und sich eine Seite durchsetzt. So ist das nun einmal. Aber eine regelmäßige und offene Kommunikation und ein gegenseitiger Respekt sind das A und O. Wenn man erklären kann, weshalb eine Initiative nicht erfolgreich ist und umgesetzt wird, ist das schon eine wichtige Unterstützung gegenüber den

Menschen in seinem Wahlkreis. Und im Sinne der Output-Legitimität – so nennt man das, was die Politik den Wähler:innen liefern muss, um als demokratische Institution von ihnen akzeptiert zu werden – wäre es gut, wenn Stadtrat und Verwaltung uns Ehrenamtlichen mal öfter die Chance geben würden, Beschlüsse des Bezirks auch umsetzen zu können. Ansonsten werden wir zur Lachnummer.

Obwohl ich viele positive Erfahrungen mit den uns im Bezirk Kalk zugeordneten Verwaltungsmitarbeitern hatte, gab es in zehn Jahren Bezirksvertretung leider zu oft gegenteilige Erfahrungen mit anderen Instanzen. Da sind Lügen und die Versuche, im wahrsten Sinne des Wortes »verarscht« zu werden, nur die Spitze des Eisbergs. Es sind Extreme, die glücklicherweise nicht die Regel waren.

Ein besonders heftiges Beispiel, wie man nicht zusammenarbeiten sollte, ist mir kurz vor Ende meiner Amtszeit widerfahren. Es ist ein Paradebeispiel für den manchmal fragwürdigen Umgang mit einem ehrenamtlichen Bezirksbürgermeister, das mir jedes Mal wieder vor Augen kommt, wenn ich am Kalker Bezirksrathaus vorbeikomme und das ich gerne – sorry, das wird jetzt ausführlicher – erzählen möchte.

Integriert in den Bau des Bezirksrathauses ist seit jeher die Kalker Stadtteilbibliothek. War sie im Jahre 2017 schon ziemlich in die Jahre gekommen, freute ich mich umso mehr, dass ich als Bürgermeister eine umfassende Sanierung der Einrichtung bejubeln durfte. Im Grunde eine kleine Erfolgsgeschichte. Viele haben sich starkgemacht, und es gab finanzielle Fördermittel.

Das Ergebnis kann sich heute sehen lassen: Kalk beherbergt (zumindest bis jetzt) die modernste Bibliothek des Landes. Fast eine Million Euro flossen in die Kalker Stadtteilbibliothek, die jetzt nicht nur architektonisch Maßstäbe setzt, sondern ein Paradebeispiel für Wissen und Bildung geworden ist.

Da ist es selbstverständlich, dass man die Neueröffnung gebührend feiert. Nur nicht mit dem Bezirksbürgermeister. Klingt komisch? Ist aber so.

Zum einen plante die Stadtverwaltung nicht einmal ein, den Bezirksbürgermeister in irgendeiner Form bei der groß angelegten Eröffnung zu integrieren. Im Vergleich mit den mir bekannten und vergleichbaren Amtsträgern ist mein Ego eher im Mittelfeld angesiedelt. Ich muss mich nicht in den Vordergrund stellen oder aus Prinzip den »Grüßonkel« spielen.

Aber aus Respekt vor dem (Ehren-)Amt hätte man zumindest in Erwägung ziehen können, den Bezirksbürgermeister zu beteiligen, wenn in seinem politischen Haus eine solche Feierlichkeit begangen wird. Zumindest fragen könnte man ihn. Selbst wenn man es nur pro forma macht und gleichzeitig hofft, dass er keine Beteiligung wünscht und sich raushält. Dafür gibt es ja die richtigen Wege. Kann man machen. Tat man aber nicht. Und das höre ich von Kolleginnen und Kollegen oft.

Jetzt sind es aber noch zwei Paar Schuhe, ihn aktiv in die Feierlichkeiten einzubinden oder ihn zumindest irgendwann bei irgendeiner der zahlreichen Reden zumindest einmal zu begrüßen. Oder ihn vielleicht zu erwähnen. Tat aber auch keiner.

Und wenn man dann noch bedenkt, dass dieser Bezirksbürgermeister – also ich – während der Reden in der ersten Reihe steht, von bekannten Redner:innen – auch aus der eigenen Partei – ständig angeschaut und doch ignoriert wird. Tja. Dann braucht man sich über nichts mehr wundern. Auch eine gestandene Person, die viel einstecken kann, wurmt und demotiviert das. Man macht einen solchen Job nicht, um reich zu werden oder wegen vermeintlicher Annehmlichkeiten. Es ist eine Überzeugungstat, um für sein Quartier oder seine Stadt etwas zu bewegen. Man zieht sich aus seinem Job heraus, nimmt sich Zeit, um sich etwas sehr Schönem zu widmen. Etwas, worauf man stolz sein kann und wofür viele Menschen hart gearbeitet haben. Das, was am Ende fehlt, ist ein Hauch von Wertschätzung.

Hätte ich zu diesem Zeitpunkt nicht längst abgeschlossen und meinen Ausstieg aus der Politik verkündet, hätte ich mich wahrscheinlich noch aufgeregt und so manches Beschwerdeschreiben verfasst, was sicherlich ignoriert worden wäre.

Ich für meinen Teil bin jedenfalls frühzeitig gegangen und habe darauf verzichtet, mit den führenden Persönlichkeiten und Redner:innen zu sprechen.

Dennoch freue ich mich riesig, dass »mein Bezirk« nun eine der modernsten Bibliotheken Deutschlands beherbergt. Ein toller Gewinn für Kalk und vor allem für die jüngsten Leser:innen im Veedel.

Doch solche Anekdoten sind leider keine Seltenheit, und sie schaden der Bereitschaft, seine Haut ohne Gegenleistung politisch zu Markte zu tragen, enorm. Rückblickend muss ich sagen, dass es oft parteiübergreifend am besten funktionierte. Wie oft habe ich mit meinem Amtsvorgänger Markus Thiele hierüber philosophiert.

Bei allem Frust gibt es doch immer wieder die Erlebnisse und Projekte, die wirklich funktionieren und wo die Zusammenarbeit mit allen Beteiligten passt. Wenn der Weg unglaublich lang ist und die Realisierung in weiter Ferne erscheint. Dann kommt unverhofft der Erfolg, der bei nüchterner Betrachtung angesichts divergierender Parteiinteressen eigentlich unmöglich sein müsste.

Im Jahr 2016 startete eine Initiative, die aus der Zusammenarbeit mit der Linken und der FDP im Bezirk Kalk hervorging. Es ging um die Schaffung eines Drogenkonsumraums im Stadtteil Kalk.

Kalk hat eine ausgeprägte Drogenszene. Sie ist nicht wegzudiskutieren. Dieses Problem gehört leider zu einer Großstadt wie Köln. Und man kann davor nicht die Augen verschließen.

Was war bis zu unserem Antrag die aktuelle Lage? Beschaffungskriminalität und vor allem der Konsum von Drogen wie Heroin im öffentlichen Raum. Oft in der Nähe von Schulen und Kitas. Darüber hinaus findet der Konsum auch in einer sehr unhygienischen Form statt. Manchmal wird Regenwasser verwendet, um den Stoff auf die Spitze zu ziehen, manchmal werden die Spritzen wiederverwendet, was natürlich extrem negative gesundheitliche Konsequenzen hat.

In Kalk gibt es seit langer Zeit zwei gute Drogenberatungsstellen. Aber sie lösen nur ein Teil des Problems, denn sie bieten nur ein niederschwelliges Beratungsangebot an. Und eben keine Möglichkeit des kontrollierten Konsums.

Besonders prägend war für mich ein Abend im Herbst 2016, an dem ich mit meiner Fraktionsvorsitzendenkollegin, Regina Börschel, aus der Kölner Innenstadt, und meinem Kalker Kollegen, Christian Robyns, gemeinsam mit Polizei und Gesundheitsamt eine Tour durch die Drogenhotspots der Innenstadt unternommen habe. Das war bewegend und lehrreich, aber auch sehr belastend.

Für mich war klar, wir müssen das Problem dort lösen, wo es entsteht. Das bedeutet, dass wir einen dezentralen Konsumraum für Drogen brauchen, der eben dort gelegen ist, wo konsumiert wird. Denn das haben mich die zahlreichen Gespräche und das intensive Einarbeiten in die Thematik Drogenkonsum gelehrt: Der Konsument fährt nicht durch die halbe Stadt, um sich den Schuss zu setzen, sondern setzt ihn sich dort, wo er ist, beschafft und lebt. Oder noch einfacher ausgedrückt: Bevor ein Kalker Drogi zum Neumarkt fährt, um sich einen Schuss zu setzen, setzt er ihn sich lieber in der U-Bahn.

Leider sahen das viele nicht so. Insbesondere CDU und Grüne wollten damals auf eine zentrale Lösung am Kölner Neumarkt setzen, der ebenfalls einer von mehreren größeren Hotspots der Drogenszene in der Stadt war und bis heute ist.

Aber dieser Ansatz löst nicht das Problem. Es braucht mehrere Lösungen überall in der Stadt. Mir war wichtig, dass wir nicht die einzelnen Quartiere gegeneinander ausspielen. Deshalb musste die Stadtverwaltung aus unserer Sicht mehrere Anlaufstellen schaffen.

SPD, Die Linke und die FDP setzen sich letztlich erfolgreich durch. Damit war aber natürlich noch kein Drogenkonsumraum geschaffen. Der geneigte Leser dieses Buches weiß: Alles dauert ziemlich lange.

Es gab selbstverständlich die Frage des richtigen Standorts. Er muss in Reichweite der Szene liegen. Gleichzeitig wollten wir auf Kitas, Schulen und Wohnsiedlungen bestmöglich Rücksicht nehmen. Ein prädestinierter Ort war die Ansiedlung neben der Beratungseinrichtung des Vision e. V., die hervorragende Arbeit in Kalk leistet.

Aus den Erfahrungen der Innenstadt, wo sich für mich nicht nachvollziehbare, große Widerstände gegen den am Neumarkt geplanten Drogenkonsumraum formierten, wollte ich ähnlichen Problemen in Kalk lieber frühzeitig gegensteuern. Deshalb organisierte ich Ende 2017 eine Konferenz mitten im Herz des Geschehens beim Vision e. V. und lud neben Polizei und Gesundheitsamt auch den Kölner Sozial- und Gesundheitsdezernenten ein.

In der Bürgerversammlung konnten wir gemeinsam über die Situation, das geplante Angebot sowie über die Vorteile und Risiken sprechen. Diese Sicherheitskonferenz war bewusst niederschwellig konzipiert. Mir war wichtig, die Menschen direkt zu beteiligen und mitzunehmen und keine reine Frontalberieselung mit Informationen anzubieten. Zu Beginn der Veranstaltung haben wir mit den Fachleuten der Polizei, den Streetworkern und der Verwaltung die aktuelle Situation rund um den Drogenkonsum und die Herausforderungen beschrieben. Ich habe die Vorteile eines Drogenkonsumraums skizziert, und die Fachleute konnten ihre Expertise hierzu einbringen. Im Anschluss haben wir mit den Besuchern über ihre Ängste gesprochen. Wir beantworteten Fragen und konnten in einen aktiven Austausch kommen. Aus meiner Sicht war das Ganze ein Erfolg. Am Ende wäre nämlich allen geholfen: Der Drogenkonsum verschwindet zu einem größeren Teil (natürlich nicht komplett) aus dem öffentlichen Raum. Das Stadtbild wird aufgewertet. Die Klienten werden fachgerecht betreut und müssen sich nicht in unmenschlichen Situationen die Spritze setzen.

Natürlich kann man sagen: »Dann sollen sie halt keine Drogen konsumieren, ist nicht unser Problem!« Aber so einfach geht das nicht. Drogen sind in Innenstädten alltäglich und nicht einfach wegzudiskutieren. Und die Hintergründe und Ursprünge für den Konsum sind so dermaßen kompliziert, dass man nicht darüber hinwegsehen kann.

Die Veranstaltung hat damals zu einer guten Akzeptanz der Pläne geführt. Die Menschen wurden früh aufgeklärt, mitgenommen und wir haben das Positive in den Vordergrund stellen können. Nun fehlt nur noch eins.

Die Eröffnung des Kalker Drogenkonsumraums sollte 2022 erfolgen, leider gibt es ihn immer noch nicht. Hoffen wir auf 2023.

Das ist auch so eine Erfahrung in Sachen Ehrenamt: Immer wieder läufst du an der ein oder anderen nicht ausgebauten Straße oder an Projekten vorbei, deren Umsetzung schon vor Jahren hätte abgeschlossen sein sollen. Das erklärst du keinem mehr.

5 Das Demo-Paradoxon

»I can't believe the news today.
Oh, I can't close my eyes and
make it go away.«

(Sunday bloody Sunday, U2, 1983)

Das Recht, für seine Meinung auf die Straße gehen zu dürfen, ist in unserem Land ein elementares. Als politischer Mensch habe ich in meinem Leben natürlich schon oft demonstriert, mal dagegen, mal dafür: zum Beispiel gegen Rechtsextremismus oder für den Atomausstieg.

Aber in letzter Zeit habe ich mich oft gefragt: Gibt es möglicherweise einen Punkt, an dem man zurückstecken muss? An dem man auch mal eine Grenze ziehen sollte?

Kurz nach der Kommunalwahl 2009 wurde in Kalk eine ehemalige, brachliegende Industriekantine von einer linksorientierten Gruppe besetzt, die ein Autonomes Zentrum (AZ) gründete. Eigentümerin des Grundstücks war die Sparkasse KölnBonn.

Man kann sich darüber streiten und intensiv diskutieren, ob Hausbesetzungen ein probates Mittel sind. Manchmal habe ich jedoch Verständnis dafür, insbesondere in Zeiten von Wohnungsmangel und horrenden Mieten, während gleichzeitig leer stehende Gebäude zu Spekulationsobjekten werden und der Gesellschaft nicht zur Verfügung stehen.

Einerseits können Besetzungen starke Signale sein, die manchmal sogar Ergebnisse hervorbringen, die später gesellschaftlich übergreifend akzeptiert werden, wenn zum Beispiel ein Jugendtreff oder ein kulturelles Angebot entstehen. Andererseits war das Gelände für einen neuen Campus der Kaiserin-Theophanu-Schule vorgesehen. Das heißt, es ging darum, für die Kinder und Jugendlichen in Kalk ein attraktives Lernumfeld und zukunftsgerechte Bedingungen zu schaffen. Sollte ich das als junger Bezirksvertreter verhindern?

Was mich auch störte, war die Einstellung mancher beteiligter Aktivist:innen, man forderte und forderte, erwartete von der Kalker Bezirksregierung und der Stadt Köln alles, von langfristigen Perspektiven bis dahin, sich über gesellschaftliche Regeln hinwegzusetzen.

Das AZ hatte viele spannende Angebote. Dazu zählten auch Partys. Und die sind nun mal keine Kaffeekränzchen. Also nahmen die Gäste und Aktiven nicht immer Rücksicht auf die Anwohner, obwohl das AZ mitten in einem Wohngebiet lag. Der Konflikt war absehbar: Lärmbelästigung, wahnsinnig viel Müll und – wenn auch selten – Sachbeschädigungen. Damit aber wollten die Verantwortlichen vom AZ nichts zu tun haben. Das waren »die anderen«.

Aber gut. Ich war immer noch gespalten. Auf der einen Seite also ein soziales Angebot, das man in Köln sonst kaum finden konnte, auf der anderen: Schul- und Anwohnerinteressen. So kam es nach der Besetzung unter Vermittlung der Politik, insbesondere von Linken und Grünen, zu einem Kompromiss zwischen AZ, Stadt und Sparkasse. Man einigte sich auf eine temporäre Nutzung. Das AZ durfte vorerst bleiben. Gleichzeitig würde die Entwicklung der Schule aber nicht verhindert, und das AZ akzeptierte, den Standort zu verlassen. Im Gegenzug wollte die Stadt alternative Standorte prüfen und vorschlagen.

Im Frühjahr 2011 lief der Mietvertrag aus, aber es gab keinen neuen Standort, der den Aktivist:innen passte. So kam eins zum anderen. Das AZ wurde verbarrikadiert. Stadt und Sparkasse wollten räumen. Es gab eine bundesweite Solidarisierungswelle, und plötzlich herrschte drei Tage lang Ausnahmezustand in Kalk, von dem keiner wusste, wie er ausgehen würde.

Hundertschaften der Polizei sorgten für militärische Stimmung im Quartier. Ihnen gegenüber standen der Schwarze Block und Gewaltbereite, die nur nach Kalk gekommen waren, um Krawall zu machen. Die Zukunft des AZ war da eine eher nachgelagerte Motivation.

Als Bezirksvertreter war ich mehrmals vor Ort, sprach mit Anwesenden und versuchte zu deeskalieren. Plötzlich wurde ich selbst mit einem Messer bedroht und konnte einer brenzligen Situation knapp entkommen. Das Ganze saß mir tief in den Knochen. Aber mehr noch als dies hat mich die Anspruchshaltung vieler Aktivist:innen geschockt. Nicht wenige Teilnehmer:innen sahen in Bedrohungen und tätlichen Angriffen ein legitimes Mittel, ihre Interessen durchzusetzen.

Diese turbulenten Tage Ende März 2011 waren der Ausgangspunkt für weitere Ausnahmezustände in Kalk und führten zu einem besonderen Demo-Erlebnis. Zu der Zeit war die AfD noch kein Thema, doch es gab ProKöln. Und die rechtsextreme Partei hatte es sich zum Ziel gesetzt, den »Linken Terror« des Autonomen Zentrums zu bekämpfen und sich für die »rechtsschaffenden Bürger« vor Ort einzusetzen. Also organisierten jetzt die Rechtsextremen im November 2011 eine Demo. Die übliche Reaktion der demokratischen Parteien: Gegendemo und zeigen, dass man stärker ist als der rechtsextreme Mob.

Leider ging es nicht allen darum zu zeigen, wie stark die demokratischen Kräfte in Köln sind. Viele Aktivist:innen wollten vor allem den Demonstrationszug von ProKöln stören. Und das schafften sie auch sehr erfolgreich. Die Rechten kamen nur wenige Meter voran, ihr kläglicher Zug wurde irgendwann aufgelöst. Aber der halbe Stadtteil mit über 20.000 Einwohner:innen war stundenlang wie gelähmt.

Auf einmal stand die kleine Horde von rund 50 Rechtsextremen im Fokus. »Den armen ProKölner:innen wurde das Grundrecht auf Demonstration verweigert«. Plötzlich war da eine Gruppe von Märtyrern, die es ausgezeichnet verstanden, die Situation auszunutzen und Folgedemonstrationen im Dezember 2011 und Januar 2012 zu organisieren. Jedes Mal wurde ein Stadtteil in Geiselhaft genommen, Kalk bei jeder Demo mehr und mehr abgeschottet.

Wer friedlich demonstrieren wollte, musste weite Umwege in Kauf nehmen, ohne Gewissheit, überhaupt ans Ziel zu gelangen. Die Bewohner:innen des Stadtteils kamen nicht mehr aus ihren Häusern. Einkaufen? Fehlanzeige!

Es wurde immer schlimmer. Erfolg hatte ProKöln keinen. Aber jedes Mal konnten sich die Rechten mehr und mehr zurücklehnen und sich über die vermeintlichen Antidemokraten beschweren. Die politische Linke war in einem Reflex gefangen und wurde von einer Aktion zur nächsten getrieben.

Mit einigen politischen Weggefährten kam ich schnell an den Punkt festzustellen, dass irgendwas falsch lief. Wäre es nicht vielleicht sinnvoller gewesen, spätestens bei der dritten Demonstration ProKöln in Kalk auflaufen zu lassen und einfach den Rücken zuzukehren? Getreu dem Motto: »Ihr interessiert uns nicht! Kalk ist demokratisch, und wir wollen keine Nazis in unserem Quartier!« Hätte man so nicht viel stärker zeigen können, dass Rechte in unserer Gesellschaft keinen Platz haben? Muss eine Demokratie nicht auch aushalten, dass Rechtsextreme demonstrieren dürfen? Wir waren jedoch in der Minderheit. Und ich hatte nicht nur einmal das Gefühl, als Antidemokrat abgestempelt zu werden, wenn ich diesen Gedanken laut teilte.

Der Demonstrationsmarathon ebbte irgendwann wieder ab. Aber das Gefühl, dass wir möglicherweise das Gegenteil von dem erreichten, was wir eigentlich wollten – die Rechten schwächen – blieb. Es musste einen anderen Weg geben als dieses ständige »Ich bin der bessere Demonstrant als du«.

Der Politikwissenschaftler Frank Heinz und ich organisierten dazu im September 2012 eine Veranstaltungswoche gegen Rechtsextremismus. Wir wollten im Rahmen verschiedener Aktionen informieren und aufklären. Kernpunkte waren der Besuch des damaligen NRW-Innenministers Ralf Jäger, der sich während seiner Amtszeit dem Kampf gegen rechts verschrieben hatte, und des Bonner Politikwissenschaftlers Frank Decker in Kalk. Die Resonanz war gar nicht schlecht. Wir hatten bei beiden Veranstaltungen insgesamt über 200 Besucher. Die Kölner Medien griffen die Aktionen auf und berichteten über uns. Auch wurden wir mit dem »Wilhelm-Dröscher-Preis« der SPD ausgezeichnet. Wir fühlten uns bestätigt und zogen als Fazit: Das Recht auf Versammlungs- und Meinungsfreiheit ist ein hohes Gut einer freiheitsliebenden Demokratie – auch wenn Rechte in Kalk demonstrieren. Es darf nicht zugunsten eines Demonstrationsverbotes ausgehöhlt werden. Der Kampf gegen rechts ist aber nur mit ständiger Aufklärung und Wachsamkeit zu gewinnen, und das braucht Kraft und Durchhaltewillen. »Demo gegen Demo gegen Demo gegen Demo« ist am Ende keine befriedigende Lösung für das rechte Problem.

Entlarven wäre der richtige Weg. Die Rechten stellen – und an ihren Schwachstellen zeigen, dass sie nicht für, sondern gegen unsere Gesellschaft arbeiten. Ihre ständigen Widersprüche aufdecken. Man muss nur die Augen aufmachen und sich intensiver mit den Rechten beschäftigen, dann erkennt man es fast wie von selbst. Das machen nur leider zu wenige Menschen in unserer Gesellschaft.

Genau das ist auch eines der größten Probleme der heutigen Zeit. ProKöln mag sich in Köln und Kalk zwar in seine Einzelteile zerlegt haben, doch hat die AfD lokal und bundesweit das politische Erbe angetreten und erreicht mit einfachen und populistischen Botschaften leider viele Menschen.

Das führt mich zu meinem Erlebnis in Köln-Kalk. Wir müssen dazu allerdings früher ansetzen, nämlich mit dem Beginn der Pegida-Demonstrationen in den Jahren 2014 und 2015.

Die sogenannten »Patrioten Europas gegen die Islamisierung des Abendlandes« starteten in Dresden – und später überall in unserem Land – regelmäßige Demonstrationen. Hierbei wurde mit dem Fokus auf Einwanderung und Flüchtlingen Stimmung gegen die Politik des Landes gemacht. Während im Mittelmeer Kinder ertranken, hatten in Ost-Deutschland die Menschen Angst vor Überfremdung – eine Region unseres Landes, die einen Migrationsanteil von unter 10 Prozent hat und in der man gefühlt schon weit reisen muss, um einen »Ausländer« zu treffen.

Aber Pegida schaffte es mit diffusen Botschaften und Behauptungen, Menschen zu erreichen, die man jahrelang als Sofa-Demokraten bezeichnen konnte. Menschen, die sich in ihrem Leben abgehängt fühlten, die von keiner Partei mehr erreicht wurden und die daher am Wahltag eher auf dem Sofa blieben. Die Situation nutzen am rechten Rand handelnde Personen sehr geschickt aus. Dass einige der Meinungsführer:innen von Pegida kriminell beziehungsweise vorbestraft waren, störte anscheinend keinen. Es sammelten sich immer mehr Menschen um sie herum, und die AfD entwickelte sich zum politischen Sammelbecken. Die AfD wurde von der stark konservativen und neoliberalen Euro-Skeptiker-Partei zu einer rechtsextremen Bewegung.

Ich glaube, diese Entwicklung war der Nährboden dessen, was wir im Jahr 2020 als Querdenker:innen erleben durften.

Diese Monate waren für mich und für eine überwältigende Mehrheit in unserer Gesellschaft eine absolute Herausforderung. In einer Pandemie zu stecken – noch dazu in einer modernen und offenen Welt – war und ist eine gänzlich neue Erfahrung für alle gewesen. Für mich ist klar, dass man nicht sofort den einen richtigen Weg beschreiten konnte. Jedenfalls zu Beginn dieser Krise nicht.

Relativ schnell haben sich in dieser Zeit Menschen zusammengefunden, die den Geist der Jahre 2014/2015 aufgriffen. Es wurde nicht nur gegen Regierungshandeln demonstriert. Das wäre nicht das Problem.

Schwieriger wog für mich schon eher, dass plötzlich die krudesten Theorien verbreitet wurden. Von der »Bill-Gates-Weltverschwörung« bis hin zur Unterwanderung von Außerirdischen konnten wir im Fernsehen oder vor unserer Haustüre alles Mögliche erleben. Alt-Linke bis verfassungsfeindliche Reichsbürger standen zusammen. Menschen mit den unterschiedlichsten politischen Einstellungen und Forderungen. Widersprüche en masse. Das konnten wir in Köln erleben, in Hamburg, in Berlin und überall in der Republik.

Aber wir leben in einer demokratischen Gesellschaft. Und eine Demokratie muss so etwas aushalten. Das kann aus meiner Sicht mit Blick auf unser Grundgesetz, welches aus den Trümmern der Weimarer Republik und des Zweiten Weltkriegs erarbeitet wurde, nur richtig sein.

Ich muss gestehen, dass mir teilweise wirklich schlecht wird, wenn ich diesen Unsinn anschauen muss. Doch irgendwann ist der Bogen überspannt. Es kommt der Moment, an dem mit dem Ertragen Schluss ist. Ein weiser Mann mit spitzen Ohren hat einmal gesagt: »Das Wohl von vielen, es wiegt schwerer als das Wohl von wenigen oder eines Einzelnen.«

Und was Mr. Spock zur Sternzeit 80130,3 Captain Kirk auf den Weg gegeben hat, wird heute im Jahr 2020 mit Blick auf unser Grundgesetz sehr deutlich.

In Artikel 2 unseres Grundgesetzes heißt es:

»(1) *Jeder hat das Recht auf die freie Entfaltung seiner Persönlichkeit, soweit er nicht die Rechte anderer verletzt und nicht gegen die verfassungsmäßige Ordnung oder das Sittengesetz verstößt.*

(2) Jeder hat das Recht auf Leben und körperliche Unversehrtheit. Die Freiheit der Person ist unverletzlich. In diese Rechte darf nur aufgrund eines Gesetzes eingegriffen werden.«

Interessanterweise waren die absoluten Corona-Hotspots Ende 2020 die Regionen unseres Landes, in denen im Oktober und November 2020 große Demonstrationen ohne Schutzmaßnahmen stattfanden. Die Orte, an denen sich große Menschenmassen trafen, absichtlich Masken abnahmen und keinen Abstand hielten. Im Grunde absolute Superspreader-Events. Wäre es ein geschlossener Kreis an Personen, der niemand anderem etwas zuleide tun könnte, es wäre wahrscheinlich egal. Ich würde sagen: Lasst sie doch.

So einfach ist es nur leider nicht. Warum verbieten Gerichte diese Demonstrationen nicht, sondern bestätigen sie, wenn absehbar ist, dass sich Teilnehmer:innen mit Ansage nicht an Auflagen halten wollen und es vorher wiederholt nicht getan haben?

Ich verstehe es nicht und es bringt mich, als jemanden, der dieser Gesellschaft in gewisser Form jahrelang gedient hat und an die Demokratie glaubt, an den Rand der Verzweiflung und dazu, tatsächlich am Rechtsstaat zu zweifeln.

Mein Zweifeln am richtigen staatlichen Handeln wird größer, wenn wir erleben müssen, dass in Dresden am 9. November 2020 eine Pegida-Demonstration gegen die Corona-Maßnahmen von Bund und Ländern durchgeführt werden darf und die Dresdener Stadtverwaltung den zentralen Platz der Stadt freimacht und Gedenkveranstaltungen zur Reichspogromnacht absagt und so den Rechten eine freie Bühne bietet. Das kann ich nicht verstehen. Wo bitte bleibt die Verhältnismäßigkeit?

Für mich ist das Erschreckende, dass diese Krise in unglaublicher Weise offenbart, dass viele Menschen in unserer Gesellschaft keinerlei Bindung mehr zu Demokratie, Wissenschaft und Aufklärung haben. Das ist ein wahnsinniges Problem und muss gelöst werden.

6 Nicht vor meiner Haustüre!

»That night we went down to the river. And into the river we'd dive. Oh, down to the river we did ride. Yeah, yeah.«

(The river, Bruce Springsteen, 1980)

Politik ist die Kunst, Kompromisse zu finden: zwischen den Wünschen der Bürger:innen und beispielsweise den Plänen einer Stadtverwaltung oder auch einzelner Parteien. Zwischen Unmöglichem und Machbarem. Aber viele Menschen sind mit Kompromissen nicht mehr zufrieden. Sie erwarten das Maximum ihrer Forderungen, egal ob es dafür Mehrheiten gibt oder ob das Geforderte für die anderen schlecht oder weniger gut ist. Abstriche zu machen gehört oft nicht mehr zum guten Ton. Das sieht man auf Bundesebene, aber noch stärker auf kommunaler.

Eine weitere Entwicklung ist der gestiegene Egoismus in unserer Gesellschaft und eine deutliche Verrohung im Miteinander. Das macht das gesellschaftliche Engagement sehr schwierig. Hierzu zwei Beispiele:

Eines der größten Probleme unserer Zeit ist fehlender, bezahlbarer Wohnraum. Statistisch gesehen hat jeder zweite Kölner Anspruch auf geförderten Wohnraum, und meine Stadt bräuchte jedes Jahr ungefähr 6.000 neue Wohnungen, schon seit Jahren. Von dieser Zielmarke sind wir weit entfernt, viele Menschen können sich eine Wohnung oder ein Haus in der Stadt nicht mehr leisten.

Nur zum Teil liegt dieses Problem in den viel zu langsamen Verwaltungsprozessen. Bis ein Bauantrag genehmigt wird, vergeht viel Zeit. Aber selbst wenn auf der verwaltungstechnischen Seite alles liefe, kommt ein viel größeres Problem hinzu. Die meisten Menschen haben zwar Verständnis für neue Wohnungen als Lösung des Wohnraummangels. Aber eben nicht vor der eigenen Haustüre. Neue Bauprojekte in der Nachbarschaft? Nein, Danke! Man will keine Veränderung des persönlichen Umfelds, keine neuen Nachbarn, und im Grunde leidet ja sowieso der Wert der eigenen Immobilie. Diese Argumente haben mich in den letzten Jahren immer wieder eingeholt. Nur kommen wir so nicht weiter.

Ein weiteres Beispiel ist die Flüchtlingskrise. Köln war in den Jahren 2014 und 2015 nicht auf diese große Zahl an hilfesuchenden Menschen vorbereitet, und es fehlten geeignete Unterkünfte. Ich war sehr stolz darauf, was mein Bezirk bereits vor Jahren geleistet hat, und wie viele Menschen wir aufnehmen und unterstützen konnten.

Anfang 2014 hatte Köln nach Information der Stadtverwaltung[8] bereits 3.288 geflüchtete Personen aufgenommen. Bis Ende 2014 sollte sich diese Zahl auf 5.141 erhöhen. Bis Ende 2015 waren es 10.153 Personen.

Eines habe ich jedoch von Anfang an kritisiert. Die ungleichmäßige Verteilung von Hilfesuchenden im gesamten Stadtgebiet. Sozial schwächere Stadtteile und Bezirke mussten erstaunlich mehr leisten als andere. Ein Zufall? Nein, denn es gibt eine laute Lobby: »Nicht vor meiner Haustüre!«

Lasten müssen sorgsam und gerecht verteilt werden. Es ist harte Arbeit, sich um die vielen Menschen zu kümmern, die Grausames erlebt haben, sie willkommen zu heißen, ihnen eine Unterkunft zu geben, Kleidung und warme Mahlzeiten bereitstellen, ihnen die Sprache und neue Kultur rasch nahezubringen. Das alles ist nicht mit einem Fingerschnippen zu erledigen. Es ist eine Last. Aber es ist eine Last, die wir als Gesellschaft schultern müssen. Veedel mit einer guten sozialen Struktur können mehr Unterstützung bieten als sozial schwächere.

Wie schon gesagt, waren in Köln in den Jahren 2013/2014 die Möglichkeiten begrenzt, neue Flüchtlinge aufzunehmen. Es brauchte mehr Wohneinheiten. Die Stadtverwaltung war berechtigterweise verzweifelt. Wohin mit diesen Menschen, die in Köln ankamen oder auf dem Weg waren, bei uns aufgenommen zu werden? Eine einfache Lösung war die Schaffung von Großeinrichtungen. Plötzlich war hierfür ganz konkret der Stadtteil Kalk im Gespräch. Ein Stadtteil, der schon mehrere Einrichtungen beheimatete. Ein Stadtteil, der strukturell schon benachteiligt war und nach Jahrzehnten immer noch im Strukturwandel steckte. Es ging mir nicht darum, dass es in meinem Bezirk keine Einrichtungen geben sollte. Mir war wichtig, dass wir genau schauen, wo wir die besten Voraussetzungen hatten und dass wir Einrichtungen gut verteilen. Mit meinem Amtsvorgänger Markus Thiele versuchten wir, unseren Einfluss geltend zu machen und diese Pläne mitzusteuern. Mit Erfolg, denn die Schaffung einer Großeinrichtung wurde nicht realisiert. Ohnehin wären kleinere und dezentrale Einrichtungen besser.

Und das war der neue Plan der Stadtverwaltung. In einem ersten Schritt wurde vorgeschlagen, in mehreren Stadtteilen – insbesondere auch mit einer guten sozialen Struktur – neue Unterkünfte zu bauen. Eine der Ersten sollte in meinem Bezirk, im bürgerlichen Brück, auf den Weg gebracht werden.

Ich war begeistert. Unsere Bedenken wurden erhört. Das gibt es ja nicht immer. Wir waren bereit, Verantwortung zu übernehmen, und konnten so an anderer Stelle in unserem Bezirk eine Unterkunft schaffen.

Doch das fand nicht jeder gut. Sobald öffentlich wurde, dass wir in Brück eine Flüchtlingsunterkunft schaffen würden, gab es Kritik. Sogar ziemlich viel. Schon vor der Sitzung der Bezirksvertretung Kalk, in der wir diesen Standort genehmigen sollten, erhielt ich zahlreiche Beschwerdemails, teils mit sehr deutlichen Worten. Ein Flugblatt kursierte und rief zum Widerstand am Kalker Rathaus und zur Demonstration während einer Ratssitzung auf.

Und die Menschen kamen. Die Stimmung war aufgeheizt und aggressiv. Ich erfuhr blanken Hass. Es gab ziemlich heftige Wortmeldungen, die teils wirklich unter die Gürtellinie zielten. Auch von Menschen, die ich teils schon seit meiner Kindheit kannte und die wütend auf der Besuchertribüne saßen. Im Grunde war das eine der härtesten Erfahrungen meiner kommunalpolitischen Zeit. Was musste ich mir an diesem Abend nicht alles anhören und in weiteren E-Mails und Beschwerdebriefen lesen? Der Weltuntergang schien nahe. Wachsende Kriminalität und unzählige wertlos gewordene Immobilien wurden mir vor Augen geführt.

Die Bezirksvertretung Kalk hat den Standort in Brück dennoch beschlossen. Und der spätere Erfolg gab uns recht. Ich bin noch heute beeindruckt, wie sich dieser lauten Gruppe im Nachgang eine starke Mehrheit im Stadtteil entgegengestellt hat, die hervorragende Arbeit geleistet hat. Aus der Bevölkerung entwickelte sich nämlich eine engagierte Initiative. Bei »Willkommen in Brück« fanden die geflüchteten Menschen ein neues Zuhause. Viele Anwohner halfen beim Ämterbesuch und beim Ausfüllen von wichtigen Formularen, bei der Ausländerbehörde oder bei den Hausaufgaben der Kinder und beim Deutschlernen, bei der Reparatur des Fahrrads oder beim Arztbesuch.

Natürlich könnte man sagen, dass das alles Aufgaben sind, die doch der Staat hätte übernehmen müssen. Ja, ist so. In einer perfekten Welt wäre das so. Aber der Staat war überfordert. Und so hat die Gesellschaft zusammengehalten, und so hat das Ehrenamt die staatliche Struktur erfolgreich gestützt und unterstützt.

Ich ziehe auch meinen Hut vor der Leistung des Kölner Wohnungsamtes. Ich hatte damals viel mit ihm zu tun. Wenn man erleben konnte, mit welcher Gelassenheit der Amtsleiter Josef Ludwig damals, in der Hochphase der Flüchtlingskrise, jede Woche in Bürgerversammlungen vor aufgebrachte Bürger trat, um die Pläne für neue Einrichtungen vorzustellen, wird klar: Das war und ist nicht vergnügungssteuerpflichtig.

Er hatte es auch nicht einfach. Er stand vor einer Herkulesaufgabe und musste mit zu wenig Mitarbeiter:innen Wunder vollbringen. Er konnte nur von Woche zu Woche planen und wurde immer wieder von neuen Zahlen überrollt.

Ich hätte es mir damals als Fraktionsvorsitzender und später als Bürgermeister in diesen Fragen auch einfacher machen können. Geleistet hatte Kalk schon eine Menge. Ich hätte mich hinstellen und sagen können: »Nicht in unserem Bezirk.« Aber das passt nicht zu diesem bunt gemischten Veedel. Mein Amtsvorgänger Markus Thiele und ich haben viel Zeit investiert, die Menschen davon zu überzeugen, dass der Stadtbezirk Kalk noch mehr für Geflüchtete tun muss.

Einen Abend im Stadtteil Neubrück werde ich so schnell nicht vergessen. Wieder sollte eine neue Einrichtung in unserem Bezirk geschaffen werden. Wie es üblich war, veranstaltete die Stadt Köln eine Bürgerversammlung, um über die Pläne zu informieren. Ich habe immer versucht, an diesen Veranstaltungen teilzunehmen und Flagge zu zeigen. An solchen Abenden hat Josef Ludwig immer in einer angenehmen und nüchternen Art über die aktuelle Lage in Köln informiert, was grundsätzlich in der Stadt geplant wird und wie es konkret mit dem jeweiligen Standort aussah. Die Anzahl der Flüchtlinge, ihre Herkunft und ob es eine Sozialarbeit vor Ort geben würde, war stets Teil seiner Vorträge. Im Anschluss folgten Fragen der Gäste. Oder ziemlich kritische Beiträge.

So war es auch an diesem Abend in Neubrück. Es gab harten Gegenwind. Neubrück ist ein Stadtteil mit einer sehr gemischten Struktur. Es gibt dort viele Einfamilienhäuser, jedoch auch Geschosswohnungsbau und einen hohen Anteil an Menschen mit Migrationshintergrund, der in meinem Bezirk spitze ist. Dementsprechend wollte man »nicht noch mehr Probleme haben«. Es war ein sehr hitziger Abend. Letztlich änderte er auch nichts mehr an den Plänen. Es ging darum zu informieren und sich die Sorgen der Menschen anzuhören. Das ist auch gut so. Allerdings wurden manche Sorgen sehr aggressiv vorgetragen.

Aber auch für diesen Standort muss man sagen: Es gab genug Menschen, die nicht so pessimistisch waren, die den Stadtteil Neubrück nicht vor dem Untergang sahen. Letztlich entwickelte sich auch für diesen Standort alles zum Guten. Viele Menschen engagierten sich für die geflüchteten Menschen.

Noch heute halte ich unser Vorgehen für richtig. Nicht nur ablehnen, sondern Lösungen und funktionierende Alternativen erarbeiten. Denn nur so kann man auch fordern, dass starke Bezirke und Stadtteile mehr leisten müssen. Flüchtlinge aufzunehmen und gleichzeitig weitere Unterstützung in der Stadt einfordern war besser, als Stopp zu rufen und die Arme zu verschränken. Es wurden überall in der Stadt Unterkünfte geschaffen, auch wenn es immer noch das ein oder andere Missverhältnis in der Verteilung gibt.

Bis zum Russlandkrieg in der Ukraine hat sich die Situation deutlich entschärft. Natürlich haben wir nun andere Probleme, aber die Aufnahme und Integration von Flüchtlingen haben wir geschafft. Und natürlich sind die Grundstücke in Brück nicht weniger wert geworden, sondern deutlich mehr.

In einer solchen Phase erfährt man, wie krass oft die überzogene Erwartungshaltung ist, der man ausgesetzt wird. Man hat als unbezahlter Politiker ständig zu liefern und muss rund um die Uhr erreichbar sein. Es ist egal, ob man bereits fünf Termine an einem Tag angenommen hat, Kindergeburtstag feiern will oder schlicht krank ist.

Natürlich gibt es auch Verständnis. Meine Erfahrung ist aber, dass dieses oft nur so lange vorhanden ist, bis man als Bürger:in selbst betroffen ist. Plötzlich fehlt auf einmal die Rücksicht darauf, dass ehrenamtliche Politiker:innen auch Familie haben. Man macht es heutzutage kaum einem oder einer mehr recht. Die herrschende Erwartungshaltung an ehrenamtliche Politiker:innen ist immens, nicht zu erfüllen, und ich kann Euch nur raten: Versucht es gar nicht!

Dazu ein schönes Beispiel aus dem Leben eines Bezirksbürgermeisters: die Entwicklung der Hallen Kalk. Die »Hallen« sind ein altes Industriegelände im Herzen der ehemaligen Industriehochburg Kalk, und die künftige Erschließung bietet dem Viertel eine Wahnsinnschance. Aber schon prallen die unterschiedlichen Welten und Interessen der Menschen aufeinander:

»Wir müssen möglichst alle Industriehallen erhalten und Denkmäler errichten.« versus »Die Hallen sind doch hässlich und nicht schützenswert.«

»Kalk hat zu wenig Grün, daher muss das Gelände platt gemacht werden, entsiegelt und eine große freie Grünfläche geschaffen werden.« versus »Nein wir brauchen eine Schule und den Platz finden wir dort.« »Aber es darf keine Konfessionsschule sein.«

Wir brauchen dringend mehr Wohnraum in der Stadt.« versus »Ja, aber er muss bezahlbar sein.« versus »Start Ups, wir brauchen Start Ups! Wohnungen gibt es genug!«

»Und natürlich muss der Schwerpunkt Kultur bilden und es darf natürlich nicht kommerziell sein. Subkultur muss es sein« versus »Wer soll denn das finanzieren?«

»Am Ende muss sowieso die Basis entscheiden.« versus »Aber dann wird doch eh nichts realisiert.«

Alle meinen, der Bürgermeister müsse in ihrem Sinn entscheiden. Wehe, wenn nicht! Diese Sammlung an Widersprüchen ist nur exemplarisch und zeigt die damaligen und auch noch heute herrschenden Erwartungen. Fronten sind schnell verhärtet und Diskussionen über das weitere Vorgehen und die festzulegenden Entwicklungsziele nicht immer zielführend. Man muss versuchen, den bestmöglichen Kompromiss zu finden, abzuwägen, Prioritäten zu setzen und am Ende auch die Finanzierung und Realisierbarkeit des ganzen Projekts im Fokus zu behalten.

Dennoch sind all diese Partikularinteressen nur schwer zu vereinbaren. Am Ende ist man als Moderator immer der Buhmann und Schuldige. Denn die gewählte Entwicklung ist natürlich falsch und böse, wenn sie nicht der eigenen persönlichen Maximalforderung entspricht.

Hinzu kommt die bereits erwähnte Verrohung in unserer Gesellschaft. Der Ton hat sich in den vergangenen 20 Jahren deutlich verschärft. Das Standing der Politik ist gesunken. Natürlich gibt es immer wieder negative Schlagzeilen. Denn die Politik und ihre Akteure sind auch nur ein Spiegelbild der Gesellschaft.

Aber als Politiker:in ist man gefühlt nur noch wenig wert. In einem Interview, das ich 2018 mit der Frankfurter Allgemeinen Zeitung führte, habe ich dem Journalisten Martin Benninghoff gegenüber das Standing der Politik überspitzt als irgendwo unter dem Bankräuber aber vielleicht noch über dem Drogendealer verortet. »Der macht sich die Taschen voll« oder da ist er, der »Verbrecher vom Dienst«. Wer soll in so einer Welt noch freiwillig Politik machen? Insbesondere in der ehrenamtlichen Kommunalpolitik? Wer traut sich das noch zu, wenn man manchmal – zumindest gefühlt – zu Freiwild wird.

Ist Freiwild zu krass formuliert? Ich meine nicht. Zu oft habe ich persönlich erlebt, wie man in den Fokus von Menschen gerät, die aus welchen Gründen auch immer unzufrieden sind. Zu oft haben diese aber nicht nur ihren Standpunkt klar gemacht. Sondern Wort und Ton haben das erträgliche Maß überschritten. Ich habe überhaupt kein Problem damit, mich auch mal zu streiten. Mich mit Menschen auch mal über ein Thema zu fetzen. Ich finde, das macht was aus. Im Anschluss findet man meist wieder zu einander. Manchmal auch nicht. Im Anschluss respektiert man sich aber. Vielleicht trinkt man auch ein Bier zusammen.

Doch zu häufig wurden Grenzen überschritten. Zu häufig wurde ich beschimpft und zu selten sauber diskutiert. Oft ging es nur darum, Dampf abzulassen. Ich habe es mir gegenüber erlebt und auch bei Kolleg:innen aus der Politik. Parteiübergreifend. Freiwild? Ja. Denn mit der Politik kannst Du es ja machen. Wir sind ja die Verbrecher, als die wir dann auch bezeichnet wurden. Die Unfähigen, die sowieso nur machen, was sie wollen und nie das, was sie vor der Wahl versprochen haben. Ob die Menschen, die diese Anschuldigungen vorbringen, je einmal in ein Wahlprogramm geschaut haben?

Das Freiwild ins Visier nehmen und sich so benehmen, als hätte man keine gute Erziehung zu Hause erfahren. Sorry. Aber das geht nicht!

Natürlich braucht man ein dickes Fell in der Politik, auch als Ehrenamtler. Ich habe eines, sonst hätte ich mich vielleicht schon früher verabschiedet. Ich habe viel erlebt und mitgenommen. Aber es gibt Grenzen, und alles muss man sich nicht geben. Wenn ich schreibe, dass nur noch die eigene Maximalforderung gilt, mag das insgesamt vielleicht etwas überspitzt klingen. Aber es trifft meiner Erfahrung nach ziemlich häufig die Realität. Es ist leider ein Grund dafür, warum vieles heutzutage zu lange braucht und nicht umgesetzt wird, und dafür, dass immer weniger Menschen bereit sind, sich ehrenamtlich in der Politik zu engagieren. Wir machen uns als Gesellschaft das Leben selbst schwer. Egoismus ist aus meiner bescheidenen Perspektive eines der größten Probleme, denen wir uns als Gesellschaft stellen müssen. Aber Egoismus allein ist nicht das Problem. Jeder hat seine Interessen, und diese sind aus der jeweiligen Perspektive berechtigt. Das gilt wahrscheinlich auch aus einer übergeordneten Sicht. Wenn Egoismus und Gemeinwohl auseinanderdriften und nicht mehr den Weg zueinanderfinden, und das im Zusammenspiel mit einer Verrohung von Sprache und einer aggressiven Ellenbogenmentalität, dann sehe ich dauerhaft die gleiche Gefahr wie bei der Schere zwischen Arm und Reich – irgendwann kannst Du das nicht mehr kitten.

Wenn wir uns die Frage in Erinnerung rufen, weshalb ich die Spur gewechselt habe, warum ich diesen Weg nicht weitergehen wollte, dann beschreibt dieses Kapitel einen der Hauptgründe, warum ich aufgehört habe, mich politisch zu engagieren. Ich hatte einfach keine Muße mehr, mir diesen Zirkus anzutun. Das ewige Hin und Her. Etwas schaffen und etwas Gutes erreichen. Jemanden glücklich machen und unmittelbar von anderen die nächsten Knüppel zwischen die Beine bekommen.

Wie lösen wir diese Situation?

Ich plädiere dafür, viel häufiger die Position und die Haltung unseres Gegenübers einzunehmen und zu versuchen, diese zu verstehen. Es ist mühselig, aber am Ende kommt es uns allen zugute. Wenn mein Gesprächspartner meine Bedürfnisse versteht, ist die Chance, dass sie oder er mir am Ende zustimmt, doch viel größer, als wenn jeder nur seinem Egoismus stur folgt. Und andersrum gilt das natürlich auch.

Manchmal ist es vielleicht doch gut, wenn man sagt: »Ich finde zwar nicht gut, wenn in meinem Wohnumfeld 500 neue Wohneinheiten entstehen. Aber wir brauchen sie. Und vielleicht profitiere ich irgendwann von günstigem Wohnraum, selbst wenn ich ihn derzeit nicht brauche.«

Manchmal ist ein »Ja, gerne vor meiner Haustüre« gar nicht so schlecht und vielleicht der Schlüssel zu mehr Gemeinsinn.

7   Bock auf Kalk

»London calls me a stranger, a traveler.
This is now my home, my home.«

(The city, Ed Sheeran, 2015)

Wie kommt man dazu, sich für einen Stadtteil wie Kalk zu engagieren? Für ein Quartier, das von vielen verächtlich betrachtet wird und dessen Ruf – teils zurecht, teils im Rahmen einer Legendenbildung – manchmal Zweifel aufwirft?

Ich bin 1980 im evangelischen Krankenhaus in Kalk geboren und lebte die ersten Jahre mit meiner Familie in Humboldt/ Gremberg. Rund 20 Jahre lebte ich dann vor den Toren Kölns, in Bergisch Gladbach-Refrath. Dort hatten sich meine Eltern mit einer italienischen Trattoria selbstständig gemacht und dort gingen meine Schwester und ich zur Schule. Wir wurden erwachsen. Während der Schule und auch neben Ausbildung und Studium jobbte ich in der heimischen Gastronomie. Es war eine gute Zeit, in der ich Freunde kennenlernte, die noch heute meine besten sind.

Nach der Kommunalwahl 2004 fing ich an, mich aktiv politisch zu engagieren. Da ich Familie in Brück habe, einem Stadtteil des Bezirks Kalk, zog ich mit meiner Frau ins Veedel.

Mich in Brück und vor allem im Stadtteil Kalk zu engagieren und dort unterwegs zu sein, war spannend. Ich hatte über lange Zeit wenig Berührungspunkte zum Veedel Kalk. Ich erinnere mich noch gut daran, wie ich in den 1990er-Jahren häufig mit meiner Mutter in Kalk einkaufen war und neue Jeans bekam. Ich empfand das alte Industrieveedel irgendwie als schmuddelig. Die großen Arbeitgeber wie die Chemische Fabrik beendeten zu dieser Zeit ihre Produktion. Der Strukturwandel war im alten Arbeiterviertel endgültig angekommen. Und nun war auch ich da.

2006 wurde ich Vorsitzender des SPD-Ortsvereins in Brück und habe dieses Amt tatsächlich zehn Jahre lang ausgeübt. Parallel fasste ich auf Stadtbezirksebene Fuß.

Mit Markus Thiele, der 2005 bereits in der Bezirksvertretung Kalk saß, packte ich viele Themen an und wir wurden ein politisches Duo mit einem Ziel vor Augen: 2009 wollten wir wieder die stärkste politische Kraft in unserem Bezirk werden und nach 1999 endlich wieder den Bezirksbürgermeister stellen.

Der Weg dahin war jedoch nicht leicht und eine große Teamarbeit unserer Partei. Warum war das so? Hierfür muss man etwas ausholen. Die SPD hat die Nachkriegsgeschichte in Köln über Jahrzehnte maßgeblich als mit Abstand stärkste Partei geprägt. Nichts ging in der Stadt ohne die Sozialdemokraten. Für manche Genoss:innen war es anscheinend zu viel Macht. 1999 wurde Köln von einer Spendenaffäre erschüttert. Im Kern ging es um den Bau der Müllverbrennungsanlage. Mittendrin die damals wichtigsten SPD-Führungspersönlichkeiten. Über fingierte Spendenquittungen wurden gestückelte Großspenden verschleiert und die falschen Quittungen später über Scheinspender beim Finanzamt eingereicht.[9] Im Zentrum der Skandale standen die damals führenden Kölner Kommunalpolitiker Klaus Heugel und Norbert Rüther. Beide wurden 2008 zu Haftstrafen auf Bewährung wegen Bestechlichkeit verurteilt.[10]

Das war ein schwerer Schlag für die Kölner SPD. Bei der Kommunalwahl im Herbst dieses Jahres schmierte sie ab. Der Spiegel betitelte es als »Schwarzer Tag für die SPD«.[11] Hatte die SPD 1994 noch 42,5 Prozent erreicht und war deutlich stärkste Partei vor CDU (33,9 Prozent) und Grünen (16,2 Prozent), verlor sie bei der Wahl 12,2 Prozent und hatte nur noch 30,3 Prozent. Die CDU holte ein bis dato unmögliches Ergebnis von 45,2 Prozent und war die neue Kölner Stadtpartei. Die SPD verlor viele alte Hochburgen und fand sich nach fetten Jahrzehnten erstmals wieder in der Oppositionsrolle wieder. Eine Mehrheit von CDU und Grünen regierte fortan die Domstadt.

Doch damit nicht genug. Der Spendenskandal wurde nach und nach aufgedeckt und erschütterte die Kölner SPD und die Stadt weiter. Dass weitere SPD-Mitglieder neben den Hauptverantwortlichen Heugel und Rüther involviert waren, gefälschte Spendenquittungen angenommen haben sollen, um sich Steuervorteile zu verschaffen, war nicht leicht zu verkraften. Insbesondere für diejenigen, die mit diesem Skandal nichts zu tun hatten und nun vor der Aufgabe standen weiterzumachen.

Was blieb? Ein riesiges Chaos. Ein gewaltiger Glaubwürdigkeitsverlust. Es gab nicht nur zahlreiche Gerichtsprozesse. Auch der damalige Bundestagspräsident Wolfgang Thierse schaltete sich qua Amt ein und verhängte eine schwere Strafe in Höhe von fast 500.000 Euro gegenüber der SPD.

Die Kölner Partei war Anfang der 2000er-Jahre moralisch wie finanziell am Ende. Es folgte ein sehr konsequenter Neuaufbau auf allen Ebenen. Und es war die Zeit, in der ich nach Köln kam und mich bei dieser Wiedergeburt beteiligen wollte. Markus Thiele und mich trieb an, uns für unsere Quartiere einzusetzen, nah bei den Menschen zu sein. Das hieß: Bürgervereine. Schützenvereine. Karneval. Sport. Vom Arbeitermilieu in Vingst oder Kalk bis zum eher bürgerlichen Merheim oder Rath/Heumar.

All diese zahlreichen Gegensätze und sozialen Strukturen fanden sich auch im Stadtteil Kalk wieder. Es gibt dort so viele verschiedene Menschen, Persönlichkeiten und ja, auch ziemlich skurrile Gestalten. Viele Menschen und ihre Geschichten durfte ich während meiner Zeit im SPD-Bürgerbüro mitten in Kalk kennenlernen.

Es war eine ziemlich bunte Mischung an Persönlichkeiten, die ich traf und an die ich auch heute noch immer mal wieder denke. Manche haben mich über viele Jahre bei meiner Arbeit begleitet, bis ins Amt des Bezirksbürgermeisters. Manche waren nur kurze Begegnungen. Aber es war spannend. Manchmal auch ziemlich bekloppt.

In diesem Büro habe ich viel erlebt. Manche Menschen waren überglücklich, dass ich ihnen helfen und ihre Probleme lösen konnte. Einige tickten anders. Einer kam plötzlich ins Büro und stellte mir Fragen zu einem Seniorenzentrum im Stadtteil Höhenberg. Von jetzt auf gleich änderte sich alles. Die Stimmung. Seine Augen. Und er hat mir vorausgesagt, dass mich der Teufel holen wird. Um 8 Uhr morgens, vor dem ersten Kaffee des Tages.

Der Stadtbezirk Kalk bot vieles, wir waren mittendrin und fühlten uns pudelwohl. Wir lebten in diesen verschiedenen Milieus. Wir mochten die Menschen, die wir trafen. Wir arbeiteten nicht nur mit den Vereinen, sondern auch in den Vereinen. Da ging natürlich eine Menge Zeit und Kraft drauf. Und einiges in meinem Leben kam schon damals zu kurz. Als erstes sicherlich die Familie.

Die Zeit für dieses Engagement musste ja irgendwo herkommen. Was kam da zusammen? In meiner Zeit in der Bezirksvertretung Kalk gab es schon standardmäßig feste Termine. Montags Fraktionssitzung. Die Bezirksvertretung tagte in aller Regel einmal im Monat beziehungsweise zehnmal im Jahr. Montags vorher immer die Fraktionsvorsitzendenkonferenz zur Vorbereitung der Sitzung mit den anderen Fraktionen. Sondersitzungen gab es natürlich auch ab und zu. Daneben immer wieder einmal Fachgespräche mit der Stadtverwaltung zu aktuellen Themen. Oder auch Ortstermine, wenn wir uns zu Anträgen der Politik oder zu Vorlagen der Verwaltung ein eigenes Bild vor Ort machen wollten oder mussten. On top kam immer die Vorbereitung für die Sitzung: das Schreiben eigener Anträge oder auch das Lesen von vielen Seiten schwer verdaulicher Vorlagen.

Das war es natürlich noch nicht. Das war nur das politische Mandat. Das Engagement in der Partei kam dazu. Ich war im Ortsverein zehn Jahre lang Vorsitzender und musste die Arbeit der Gliederung steuern. Themen nach vorne treiben. Sitzungen und Veranstaltungen leiten. Wahlkämpfe maßgeblich organisieren und manchmal auch alleine an Wahlkampfständen stehen, weil niemand anderes konnte. Oder wollte. Ich wurde Vorsitzender des Stadtbezirks und gestaltete auch dort die Arbeit der Partei und führte sie an. Bei allen Gliederungen gab es in der Regel monatliche Vorstandssitzungen, die vor- und nachbereitet werden mussten. Ich organisierte Klausurtagungen und Workshops. 2015 wurde ich auch noch in den Vorstand der KölnSPD gewählt.

Es dauerte, bis ich den Ortsverein in andere Hände übergeben konnte. Ich plante es früh, versuchte auch oft, junge Genossinnen zu unterstützen und als Nachfolge aufzubauen. Es klappte lange nicht, aber irgendwann konnte ich diese Aufgabe abgegeben.

Über viele Jahre vertrat ich die Kölner SPD als Delegierter bei Landesparteitagen oder Regionalkonferenzen und war natürlich auf Kölner Parteitagen immer präsent.

Dann kommt noch die Mitarbeit in Bürgervereinen wie zum Beispiel in Brück oder Kalk. Auch hier gab es Vorstandssitzungen und Projekte.

Beim Lesen wird schnell klar: Das kostet Zeit. Und es findet irgendwann nach der Arbeit statt. Oft ging ich von der Arbeit zur nächsten Sitzung. Manchmal auch zwei hintereinander. Ich kam um 22:00 oder 23:00 Uhr nach Hause. Es gab Tage, da sah ich meine Kinder nicht, und meine Frau musste eine Menge alleine stemmen. So kam es vor, dass unter der Woche an zwei oder drei Tagen Termine waren. Und am Wochenende warteten immer mal wieder Veedelsfeste oder Parteitage.

Natürlich gab es immer Spitzen. Manchmal war es mehr, manchmal weniger. Ich habe versucht, immer wieder Aufgaben abzugeben, wenn ich neue annahm. Und doch ging viel Zeit drauf. Das war ein Preis, den ich zu zahlen hatte. Im Laufe der Jahre habe ich daran einiges geändert. Ich habe mir Regeln gesetzt, um mehr Zeit zu Hause zu verbringen und mehr Privatleben zu haben. Das galt insbesondere in der Zeit als Bezirksbürgermeister. Ich habe angefangen, klare Grenzen zu ziehen. Ansonsten hätte es nicht mehr funktioniert, Familie, Beruf und Ehrenamt unter einen Hut zu bringen. Leider kam diese Erkenntnis recht spät. Doch sie war gut. Denn es ging mir danach besser.

Aber zurück zum Jahr 2009. Damals hatten wir das Kalker Rathaus zurückerobert. 2014 wollten wir es verteidigen und stärker werden. Frank Heinz und ich haben früh angefangen, vergangene Wahlergebnisse und aktuelle Stimmungen bis ins kleinste Detail zu analysieren. Wir untersuchten die verschiedenen Milieus und ihre unterschiedlichen Bedarfe. Wir stellten uns spannende Fragen: Wer interessiert sich eigentlich wo für welches Thema? Wie müssen wir die Wähler:innen in einem Stadtteil oder gar Straßenzug ansprechen und wie in anderen Bereichen?

In einem heterogenen Stadtbezirk wie Kalk mit alten Arbeiterstadtteilen und dörflichen Strukturen eine interessante und absolut notwendige Maßnahme, wenn man erfolgreich Politik oder Wahlkampf betreiben möchte.

Nicht nur Stadtteile unterscheiden sich voneinander. Auch innerhalb eines Stadtteils gibt es ganz unterschiedliche Strukturen und Milieus. Das verkompliziert die Gemengelage. So gibt die Wissenschaft bis zu zehn verschiedene Milieus vor, die sich auf Ober-, Mittel- und Unterschicht verteilen. Alle haben unterschiedliche Anforderungen und Bedürfnisse. Diese Zielgruppen konkurrieren und sind in ihren Grundorientierungen natürlich nicht (immer) zu vereinen.

Sich dieser unterschiedlichen Lebenswelten bewusst zu sein, ist ein großer Vorteil. Man nimmt die Bevölkerung mit ihren Ausprägungen in ihrer Gesamtheit wahr und nicht nur in Ausschnitten. Zu wissen, dass es das Milieu der Performer gibt oder auch das liberal-intellektuelle Milieu, sich bewusst zu sein, dass man hier anders umgehen muss als zum Beispiel im sozialökologischen Milieu oder im traditionellen oder prekären, war für uns sehr wertvoll. Jedes Milieu hat eigene Bedürfnisse, und man muss mit einem anderen Ansatz und einer anderen Ansprache vorgehen, um die Menschen dort zu erreichen.

Auf dieser Grundlage schauten wir uns die Potenziale in den einzelnen Stadtteilen unseres Bezirks an und ermittelten, wo wir die meisten Stimmen gewinnen konnten. Wir arbeiteten aus, wo es wirklich Sinn machte, Ressourcen zu investieren, mehrmals vor Ort persönlich präsent und mehrmals mit Hauswurfsendungen aktiv zu sein und wo wir vielleicht gar nicht hinmüssten. Entweder, weil wir dort ohnehin keine Stimmen bekamen oder weil wir sie sowieso bekamen und unsere Kraft besser woanders einbrachten.

Natürlich ist der Erfolg nicht garantiert. Doch strategisch und konzentriert vorzugehen, hatte schon seinen Sinn.

Akribisch arbeiteten wir daran, aus unseren Erkenntnissen erfolgreiche Wahlkampfstrategien zu entwickeln. Zielgerichtete Angebote für die unterschiedlichen Milieus waren das Ergebnis. Ein bedarfsorientierter Einsatz von Ressourcen war die Konsequenz. Wo macht es Sinn, Wahlkampf zu treiben, und was sollte man wo sein lassen? Im Stadtteil Kalk waren wir stark im Einsatz. Auch in den östlichen Stadtteilen Brück, Merheim und Rath/Heumar. Dort hatten wir vielleicht nicht immer die relative Mehrheit. Doch gab es im Vergleich zu den alten Arbeiterquartieren und früheren SPD-Hochburgen eben viele aktive Wähler und die Möglichkeit, mehr absolute Stimmen zu holen. Im Oberbürgermeisterwahlkampf 2015 entwarfen wir eigenständig für jeden Stadtteil und teilweise noch kleinteiliger eigene Flyer mit speziellen Botschaften in einzelnen Briefwahlbezirken. Wir schauten uns an, welche Themen vor Ort für die Menschen wichtig waren und wie wir diese am besten formulieren konnten. Das war eine Menge Arbeit. Woanders machen das professionelle Agenturen. Wir haben das alleine gemacht im kleinen Kreis.

Es war gar nicht so leicht, das in einem traditionsreichen Laden wir der SPD umzusetzen. Und manchmal ist eine linke Fortschrittspartei eben auch ziemlich strukturkonservativ. Denn, wenn man immer schon an einer Ecke einen Wahlkampfstand aufgebaut hat, muss man das auch bis in alle Ewigkeit so machen.

Aber unsere Ergebnisse gaben uns recht. Wir haben in unserem Bezirk 2014 erneut unsere Wahlergebnisse verbessert. Und zwar spürbar. Ich erhielt in meinem Ratswahlkreis sogar das stadtweit drittbeste Stimmergebnis aller SPD-Ratskandidat:innen in absoluten Zahlen. Das war für das Gesamtwahlergebnis der SPD sehr wichtig. Ein schöner Erfolg in einem für die SPD schweren Terrain.

Diesen veedelsorientierten Ansatz hat es vorher in der Kölner SPD in dieser Form und Genauigkeit, glaube ich, nicht gegeben. Die Kölner Partei arbeitete für die Oberbürgermeister:in-Wahl mit einer bundesweit erfolgreichen Agentur für die stadtweite Kampagne zusammen. Wir haben im Grunde zeitgleich, und nur mit eigenen Mitteln, unser persönliches Ding durchgezogen.

Alles in allem war es für mich eine prägende Zeit, die mich bis in mein letztes Amt als Bürgermeister begleitete. Was die stadtweite Parteistruktur vermissen ließ, gab mir mein Viertel zurück. In all diesen Jahren entstand eine tiefe Verbundenheit ins Quartier und eine Motivation, sich für meinen Stadtbezirk und die einzelnen Stadtteile bei uns zu engagieren. Die mehrmalige Wahl in die Bezirksvertretung Kalk war daher nur konsequent.

Wenn mich in diesen Jahren eines geprägt hat, war es sicher die Zusammenarbeit mit dem damaligen Kalker Landtagsabgeordneten Stephan Gatter. Auch Gatter war viele Jahre Bezirksvertreter und wie ich Fraktionsvorsitzender, bevor er in Düsseldorf Landtagsabgeordneter wurde. Und seine Art, ein Mandat auszufüllen, hat er von Kalk mit nach Düsseldorf genommen.

»Ich bin nur ein einfacher Landtagsabgeordneter von der Straße in Köln-Kalk.« Dieses legendäre Zitat hat es mehrmals in offizielle Sitzungsprotokolle des Landesparlaments geschafft.

Und es war keine Floskel. Er hat Probleme – ob sie gesellschaftlich waren oder auch parteiintern – angesprochen und beim Namen genannt und in den 17 Jahren als Landtagsabgeordneter nicht abgehoben.

Dazu gehörte auch mal ein handfester Streit mit Bürgern. Und dieser auch lautstark auf der Straße, an der Supermarktkasse oder in der Kneipe. War das immer richtig? Vielleicht nicht immer, aber es war menschlich. Das ist etwas, was ich heute zu häufig vermisse. Anecken. Fehler machen. Natürlich lag er auch mal falsch. Aber darum geht es nicht.

Heutzutage muss in der Politik immer alles perfekt sein. So ist es von der Gesellschaft viel zu lange gefordert worden. Gleichzeitig mit der Kritik verbunden, dass alle Politiker gleich und unerkennbar geworden seien. Ein Paradox.

Ich bin davon überzeugt, dass man erst dann richtig gut wird, wenn man auch Fehler macht. Fehler machen darf. Und man muss auch bereit sein, diese Fehler zu machen und einfach mal ausscheren und die Etikette auch mal Etikette sein lassen.

Genauso wichtig wie das viel beschworene »Agieren auf Augenhöhe« war das Kümmern. Man ist als Politiker:in immer Ansprechpartner:in der Menschen im Wahlkreis und diese kommen oft erst dann, wenn sie ein Anliegen haben. Sich um diese Anliegen zu kümmern, ist eben eine Hauptaufgabe. Auch wenn man gar nicht zuständig ist.

Diese Anliegen waren sehr vielschichtig. Das konnten Probleme mit Vermietern sein, wenn zum Beispiel der Mietvertrag gekündigt wurde. Oder auch mit den Versorgern der Stadt. Ich erinnere mich noch gut, wie ich mich in Höhenberg mit Eigentümern von Tiefgaragen getroffen habe, die Probleme mit dem Bauaufsichtsamt hatten, und mit ihnen an Lösungen arbeitete.

Im SPD-Bürgerbüro hatte ich häufig mit Menschen zu tun, die Schwierigkeiten mit der Agentur für Arbeit hatten. Wir durften damals nie eine Rechtsberatung vornehmen. Wir waren eben keine Juristen. Aber ich versuchte, mich bestmöglich um die Belange der Menschen zu kümmern. Formulierte Schreiben. Gab Ratschläge oder vermittelte weiter.

Im Grunde ist das Bürgerbüro eine ureigene sozialdemokratische Institution, ja praktisch Erfindung. Das Bürgerbüro war seit jeher in Köln oder im Ruhrpott ein Anlaufpunkt für die Menschen im Veedel. »Da wurde sich gekümmert.« Der Ort, wo man hinkann, wenn man mal nicht weiter weiß. Die Sozis haben sich gekümmert und sich der Probleme angenommen. Auch, oder gerade, wenn man nicht wirklich zuständig war. Das Bürgerbüro ist eigentlich ein unverzichtbarer Teil des Lebens. Umso schmerzlicher ist, dass das Kalker SPD-Bürgerbüro, welches seit Jahrzehnten – in langer Tradition – von den Kalker Bundestags- und Landtagsabgeordneten betrieben wurde, seit der Landtagswahl

2022 praktisch leer steht. Obwohl es eine SPD-Bundestagsab-
geordnete gibt. Meiner persönlichen Meinung nach ist das ein
Nachteil. Für die Menschen vor Ort. Für den Wahlkreis. Und am
Ende auch für die SPD. Ich hoffe, dass sich dieser Zustand bald
ändert.

Als Bürgermeister waren es oft Probleme bei der Suche nach
Kita-Plätzen, von denen ratlose Eltern erzählen und ein wenig
ihr Herz erleichtern konnten. Ich konnte mich immer gut in ihre
Situation hineinversetzen. Meine Frau und ich haben nur mit
Mühe und Not für unsere eigenen Kinder passende Plätze finden
können. Auch wenn ich oft wenig tun konnte, sollten alle Ehrenamtler nicht unterschätzen, was es für Menschen bedeutet,
Ansprechpartner zu finden. Reden ist oft schon die halbe Miete,
der halbe Kita-Platz, die halbe Lösung. Ich hatte oft keine Ent-
scheidungsbefugnisse. Aber am Ende konnte ich an die richtigen
Stellen verweisen und Mut zusprechen. Man fühlt sich dann zwar
recht hilflos, wohlwissend, dass das Angebot an Plätzen nicht ausreichend ist und man selbst mehr und mehr Kitas in seinen Stadtteilen fordert. Aber man ist da.

Ich habe nie versprochen, ein Problem zu lösen. Das war auch
oft unmöglich. Viele verbrennen sich daran, weil sie glauben, alles für alle lösen zu können oder zu müssen. Aber verbindlich
und verlässlich zu sein, ist die Voraussetzung des Kümmerns und
schon einiges wert.

Als Stephan Gatter 2017 aus dem Landtag ausschied, habe ich mir
vorgenommen und ihm zu seiner Verabschiedung mit auf den
Weg gegeben: Kalk möge zwar den einfachen Landtagsabgeordneten von der Straße verlieren, aber ich würde das Erbe hochhalten
wollen und die Rolle des einfachen Bezirksbürgermeisters von der
Straße übernehmen.

Eine Position zu haben, sie überzeugend zu vertreten. Nicht
umzufallen, weil man glaubt, dann vielleicht etwas zu bekommen – das schafft Respekt im Kleinen, auf der Straße und im Bezirk, aber nicht unbedingt in der Partei. Wenn man sich dann aber

noch von anderen überzeugen lassen kann, weil deren Argumente eben besser sind, dann führt dies zu noch mehr Glaubhaftigkeit. Auch das muss man können.

Das gilt im Übrigen auch für das Kümmern. Auch da muss man manchmal Grenzen ziehen und sagen: »Bis hierhin und nicht weiter.« Als Ehrenamtler kann man nicht zu jeder Zeit ansprechbar sein, nicht zu jedem Termin kommen und jede Einladung annehmen. Zieht man klare Grenzen und hat nachvollziehbare Regeln und Gründe, wird auch das akzeptiert. Und das ist besser, als überall hinterherzulaufen und auf der Matte zu stehen. Natürlich gibt es Menschen, die das nicht akzeptieren. Da bleibt einem nur das Achselzucken.

Die Nähe zu den Menschen und die Arbeit vor Ort im Quartier macht nicht immer Spaß. Sie ist nicht immer vergnügungssteuerpflichtig. Aber sie gehört dazu. An einem Wochenende zwei Krönungsbälle von Schützengesellschaften besuchen, dazu noch eher schlecht organisierte Feste. Manchmal wünscht man sich woanders hin – zum Beispiel nach Hause zu seiner Familie – aber es gehört zum Job.

Manchmal sind weniger Termine einfach mehr wert. Sowohl für einen persönlich als auch für die Menschen in seinem Wahlkreis. Man kann sich intensiver mit den einzelnen Personen und Terminen beschäftigen als beim sogenannten »Terminhopping« und ist oftmals sogar früher zu Hause. Leider reifen solche Erkenntnisse erst mit der Zeit.

Natürlich habe ich mehrmals darüber nachgedacht, den Schritt in Richtung Stadtrat zu wagen. Auch Ende 2016, als die Wahl ins Bürgermeisteramt plötzlich auf die Tagesordnung kam, dachte ich über meine Optionen nach. Schnell war klar: Bei einem kommunalen Engagement blieb für mich Kalk die erste Wahl – das hat auch mit den Kräften zu tun, die ein Mensch für sowas neben seinem Brotberuf aufbringen kann. In den Stadtrat zu wechseln war kein ernsthaftes Thema für mich. Ich war einfach zu sehr auf Kalk sozialisiert. Ich war schlicht zu gerne in diesen unterschiedlichen und teils widersprüchlichen Milieus unterwegs.

Nah dran zu sein an den Menschen und auch den etwas merkwürdigen Gestalten. Das hat mir immer viel gegeben, auch wenn es mal nicht so gut lief oder ich die Schnauze einfach mal voll hatte. Kalk ist voller Persönlichkeiten. Den Großen wie den Kleinen. Und das hatte für mich immer eine große Portion Charme.

Einer, der mich sehr lange begleitet hat, wohnte mitten in Kalk. Er war auf seine Art ziemlich anstrengend. Und manchmal auch total nervig. Aber er war höchst engagiert. Er hatte viel Zeit und konnte sich sehr tief in städtebauliche Themen einarbeiten. Er war so versiert, dass er oft tiefer drin steckte, als so mancher ehrenamtliche Kommunalpolitiker. Das gilt im Übrigen auch für mich. Und er hatte seine Vorstellungen und setzte sich vehement dafür ein. Es gab kaum ein städtebauliches Großprojekt in Köln, bei dem er sich nicht in der Bürgerbeteiligung einbrachte. Die Parkstadt-Süd oder der Deutzer Hafen sind zwei aktuelle große Projekte, bei denen er mitmischte. Er trieb so manchen Kölner Baudezernten wahrscheinlich an den Rand des Wahnsinns. Aber er meinte es gut. Besonders gut meinte er es immer für seinen Stadtteil Kalk, sodass auch wir in der Bezirksvertretung oft mir ihm Kontakt hatten. Er stellte regelmäßig Anwohneranfragen zu Bauprojekten oder entwicklungspolitischen Themen. Die Antworten auf diese Eingaben mussten während unserer Sitzungen immer vorgelesen werden. Ich habe es gehasst. Manchmal verrannte er sich auch bei seinen Vorhaben. Oft waren es jedoch gute Fragen, die er stellte. Er legte den Finger in die Wunde. Leider ist er 2022 auf tragische Weise ums Leben gekommen.

Während ich im Bürgerbüro der SPD arbeitete, besuchte mich oft ein Mann, der ursprünglich aus Afrika stammte. Ich bin mir nach all den Jahren nicht mehr sicher, woher genau. Ich glaube von der Elfenbeinküste oder aus Ghana. Jedenfalls hatte er sich zum Ziel gesetzt, irgendwann in seine Heimat zurückzukehren und dort eine eigene Kakaoplantage als soziales Projekt in seinem Heimatdorf aufzubauen. Dafür suchte er Hilfe. Und er kam zu mir. Sehr häufig. Regelmäßig, meistens kurz vor Feierabend, fuhr er mit seinem Fahrrad vor und kam mit einem Ordner mit seinen ganzen Bildern aus Westafrika ins Büro. Ich mochte ihn. Und so tat ich, was ich konnte, und schrieb für ihn Briefe an den Bundespräsidenten oder an das Bundesministerium für wirtschaftliche Entwicklung und Zusammenarbeit. Ich weiß nicht, was aus ihm geworden ist. Mit meinem Abschied aus dem Bürgerbüro habe ich ihn aus den Augen verloren. Aber an sein Lächeln und seine Freundlichkeit erinnere ich mich noch heute.

Eine ganz andere Person war ein jemand, der in der Regel wöchentlich bis alle vierzehn Tage den Kopf ins Büro steckte. Er wollte stets wissen, wo es was zu essen und trinken gab. Natürlich umsonst. Er sprach nicht gut Deutsch und ich kenne seine Herkunft nicht. Ist auch nicht wirklich wichtig. Aber er war schon ein Original. Ich erinnere mich noch gut daran, wie er zum alljährlichen Sommerfest meiner SPD-Fraktion ins Bezirksrathaus kam und sich dort mit allem eindeckte. War ja umsonst. Er schlemmte sich durch. So, dass sogar andere Gäste aufschreckten. Er war sicher kein böser Zeitgenosse. Ein einfacher Mann aus Kalk, der zusah, wo er blieb. Stets auf der Suche nach kostenlosen Parties. Und so kam er regelmäßig zu mir.

Kalk hat noch andere Persönlichkeiten hervorgebracht. Eine habe ich leider nur noch kurz vor seinem Lebensende kennenlernen dürfen: Hans Zandovsky. Hans war ein Unikat im Veedel. Ein Urgestein des Stadtteils und der alten Chemischen Fabrik Kalk. Er war über viele Jahre Vorsitzender des Bürgervereins und hat viel für die Menschen in seinem Stadtteil geleistet. Wir ehrten ihn mit der Benennung eines Platzes an seiner alten Wirkungsstätte auf dem Gelände der früheren Chemischen Fabrik. Viel besser kannte ich einen seiner alten Weggefährten, Hubert Rolfes. Beide waren ein ganz besonderer Schlag Mensch. Sie waren auf der Kalker Hauptstraße zu Hause. Jeder kannte sie. Am Tresen mancher Kneipen und in der Stadtgesellschaft. Ich glaube, dass es solche Persönlichkeiten heute nicht mehr häufig gibt. Ich habe es sehr gemocht, mit Hubert Rolfes zusammenzuarbeiten. Was haben wir gemeinsam im Bürgerverein Kalk alles gemacht. Zum Beispiel einen gemeinnützigen Weihnachtsmarkt auf die Beine gestellt, den es in anderer Form heute noch gibt. Ich vermisse Hubert, der 2013 verstarb.

Eine letzte Persönlichkeit, an die ich sehr schöne Erinnerung habe und an die ich gerne zurückdenke, ist Fred Sauer. Fred war wie Hans Zandovsky und Hubert Rolfes ein Kalker Original. Freds Leidenschaft war der Boxsport und seine Heimat die Faustkämpfer Kalk. Er war über 60 Jahre in seinem Verein aktiv. Als Boxer, Trainer und Funktionär. Doch sein Herz hatte er der Jugend geschenkt. Ich bin mir sicher, dass er so manchen jungen Menschen von der Straße geholt und vor gehörigen Problemen bewahrt hat. So erzählen es auch viele Geschichten. Er war für viele ein Ansprechpartner und stand bei Problemen immer zur Seite. Nicht nur im Sport. Auch im Leben. Ich lernte Fred Sauer kennen, als ich ihn im Bürgerbüro beim Antrag auf Fördermittel unterstützte, den er für neue Sportausrüstung stellen wollte. 2010 starb Fred Sauer und auch nach ihm konnten wir einen Platz benennen.

Was ich vor Ort immer als liebens- und lebenswert empfand, war das ausgeprägte Gesellschafts- und Vereinsleben. Ich konnte erleben, dass viele Menschen wahnsinnig viel Zeit und Einsatz in ihre Stadtteile steckten. Und mittendrin zu sein, hat mir persönlich immer viel gegeben.

Vor allem beim Karneval. In Brück gab es den größten rechtsrheinischen Karnevalszug in Köln – was schon viel heißt. Manchmal habe ich aber – ohne es werten zu wollen – meinen karnevalistischen Blick nach Kalk geschwenkt. Hier waren die Voraussetzungen immer etwas schlechter. Weniger Mitglieder, weniger Geld. Aber mindestens genau so viel Einsatz, um den Karneval hochleben zu lassen. Trotzdem schaffte man es immer wieder, einen Karnevalszug durch zwei Stadtteile mit sozialen Problemen zu ermöglichen. Den Menschen war es so wichtig, dass es diese Highlights gibt, dass sie unermüdlich dafür arbeiteten. Auch hier bin ich gerne regelmäßig am Zug mitgefahren und habe versucht, mir hierfür Urlaub zu nehmen.

Der Kalker Karneval war bunt. Zum Kalker Dienstagszug haben sich stets die verschiedensten Menschen unterschiedlichster Herkunft versammelt. Auch wenn man sie vielleicht nicht im organisierten Karneval antrifft. Zum Dienstagszug waren sie immer da. Und so hat der Karneval auch immer unterschiedliche Kulturen verbunden.

Wie oft bin ich mit Markus Thiele zu den verschiedenen Karnevalsveranstaltungen und anderer Events einzelner Karnevalsvereine aus den kleineren Stadtteilen wie Humboldt-Gremberg, Vingst oder Höhenberg gefahren.

Mein Bock auf Kalk war für meine politische Arbeit und ihre Erfolge essenziell. Aber dafür musste ich einen Preis zahlen. Man verliert viel, wenn man ständig unterwegs sein muss. Ich war zu selten zu Hause, wenn meine Frau unser Leben mit einem Kind und später zweien gemanagt hat. Oder Familienmitglieder sterben. Man trifft seine Freunde nicht mehr so häufig, wie man gerne möchte.

Man verpasst vieles. Zu viel. Und am Ende dankt einem doch keiner – oder leider viel zu selten. Man darf die Balance nicht verlieren. Wenn ich eines raten darf, dann immer auf diese Balance zu achten.

8   Der Stachel sitzt tief

»Happiness, more or less. It's just a
change in me, something in my liberty. Oh,
my, my.«

(Lucky man, The Verve, 1997)

Ich habe in diesem Buch einiges über Frust geschrieben. Auch darüber, dass sich unsere Gesellschaft verändert. Nicht nur zum besseren, sondern dass es einen ausgeprägten Egoismus gibt. Es herrscht der verstärkte Drang, stets das bestmögliche für sich selbst herauszuholen. Ohne Rücksicht auf andere.

Woher kommt diese Entwicklung?

Ich möchte mich in diesem Kapitel einem dieser vielen Gründe widmen. Es geht mir um Enttäuschung. Um das Gefühl, im Stich gelassen zu werden. Ebenso darum, dass man viel investiert und am Ende spürt, dass es umsonst war.

In unserem Land leben rund 83 Millionen Menschen. Und unsere Gemeinschaft, unser Zusammenleben, wäre nicht mal halb so viel wert, wenn es nicht so viele engagierte Menschen gäbe, die an der Basis unserer Demokratie kräftig anpacken würden.

Oftmals sind es die alljährlichen Dorffeste oder Kulturfestivals. Es sind die Fußball- und Handballturniere. Die Karnevalssitzungen, Weihnachtsmärkte oder Aktionen gegen Rechtsextremismus. Wahrscheinlich haben wir alle jedes Jahr Veranstaltungen im Kalender, auf die wir uns sehr freuen. Viele von diesen Events sind gar nicht professionell organisiert und gewerblichen Ursprungs. Vieles basiert auf Ehrenamt. Und zu oft wird man – auch wenn man etwas in der Freizeit als Amateur auf die Beine stellt – mit Profis auf eine Ebene gesetzt. Aber als Ehrenamtler:in wird man doch häufig mit Verwaltungsprozessen im wahrsten Sinne des Wortes gequält. Dass einem irgendwann die Puste ausgeht, kann ich verstehen.

Auch die Erwartungshaltung von Mitmenschen ist oft sehr hoch. Warum gibt es nur wenige Imbissbuden auf dem Fest? Kein vegetarisches Essen oder nur vegetarisches Essen? Gibt es keine bessere Musik? Warum ist das Fest nur so kurz? Solche Vorwürfe habe ich immer wieder gehört. Die Liste ist lang. Aber dass es für vieles gute Gründe gibt, wird selten gesehen. Dass Ehrenamtler ein Fest auf- und wieder abbauen müssen, zum Beispiel. Und dass sie am nächsten Tag vielleicht wieder zur Arbeit gehen. Dass kurz vor einer Veranstaltung Foodtrucks abspringen und man keinen Ersatz bekommen hat.

Das Feedback, welches Ehrenamtler bekommen, ist häufig erst mal, dass sich andere beschweren. Ich gehe gerne auf solche Feste und Veranstaltungen und hoffe, dass die Organisatoren noch lange viel Freude daran haben.

Wenn sich Menschen abwenden, hängt das viel mit Enttäuschung zusammen. Ich habe zuletzt häufiger mit einer alten Freundin aus der SPD unterhalten. Sie hat sich unter anderem für die Gleichberechtigung von Frauen in der Politik eingesetzt. Und sie hat mit großem Einsatz viele interessante Politiker:innen und Kandidat:innen unterstützt, auch zulasten ihrer eigenen Wahlkämpfe. Manchmal ist es schon eine große Herausforderung, nur dafür zu sorgen, dass eine in den Parteistatuten verankerte Parität – also eine gleichberechtigte Anzahl an Kandidaturen für Frauen und Männern – durchgesetzt wird. Ich glaube, meine Bekannte kann auf ihre Leistung recht stolz sein, einer ihrer Schützlinge sitzt jetzt im Deutschen Bundestag. Ich weiß aber auch, dass sie sehr frustriert ist. Frustriert, weil es zum damaligen Zeitpunkt keine Wertschätzung oder auch Dank für ihren Einsatz im Nachgang gab. Eine Situation, die sie nicht das erste Mal erlebt hat. Und die gebliebene Enttäuschung führt dazu, dass sie sich künftig vielleicht nicht mehr für andere Menschen in dieser Form einsetzt.

Frust entsteht auch oft, wenn man die Ergebnisse der eigenen Arbeit nicht erkennen kann. Wenn das Erfolgserlebnis fehlt, hat man nichts erreicht. Denn der Erfolg im Kleinen sind Währung und Lohn im Ehrenamt, Geld ist es definitiv nicht. Und das, obwohl man vielleicht eine Menge Zeit und Kraft investiert hat. Man setzt sich für die Verbesserung seiner Stadt ein und ist von seinem Projekt absolut überzeugt. Dennoch läuft man gegen die Wand. Immer und immer wieder. Dass man dabei Menschen verliert, kleine Helden an der Basis, ist dann kein Wunder.

Als ehrenamtlicher Kommunalpolitiker bewegt man sich verstärkt in seinem eigenen Wohnumfeld. Das hat Vor- und Nachteile. Man kennt sich besonders gut vor Ort aus. Man kennt die Sorgen. Man weiß gut darüber Bescheid, was sich verändern muss. Man ist aber natürlich auch sehr nah bei den Menschen und wird für Misserfolge verhaftet.

Zwei Projekte mit gehörigem Frustpotenzial aus meinem eigenen Stadtteil Rath/Heumar sind mir besonders in Erinnerung geblieben.

Das erste habe ich am Anfang meines Buchs kurz erwähnt: die Umgestaltung des alten Ortskerns von Rath/Heumar. Rath/Heumar ist, wie das bereits beschriebene Brück, ein älterer Stadtteil. Insbesondere das Zentrum ist sehr eng bebaut, an manchen Stellen kommt man kaum mit Kinderwagen oder Rollatoren durch, und oftmals ist alles von Autos zugeparkt. Fahrradfahren ist ziemlich gefährlich, und der Ortskern wird gerne vom Durchgangsverkehr, insbesondere von Lkw, genutzt.

Ein lebenswertes Veedel muss sich in puncto Verkehr verändern. Denn der grundsätzlich starke und attraktive Einzelhandel in Rath hat seine Probleme. Immer wieder standen Ladenlokale leer. Die strukturelle Situation führt dazu, dass Durchfahrende kaum zum Halten bewegt werden können, um im Ort einzukaufen. Die Geschäftsleute haben mit einer Interessensgemeinschaft versucht, sich gegen diesen Niedergang zu stemmen. Aber der Erfolg des lokalen Einsatzes findet irgendwann ein Ende, wenn die Strukturen nicht mehr stimmen. Das so genannte Downsizing droht.

Mit dem damaligen Bezirksbürgermeister Markus Thiele habe ich in Abstimmung mit einigen ansässigen Geschäftsleuten 2014 einen Fünf-Punkte-Plan zu Revitalisierung der Hauptstraße präsentiert, und mit diesem sind wir in den Kommunalwahlkampf gestartet. Viele Bürger:innen waren mit der Situation und der drohenden Entwicklung nicht zufrieden. Sie wollten Veränderung. Sie wollten aktiv mitgestalten und sich für ihre eigene Zukunft einsetzen.

Das drängendste Problem ist, wie schon beschrieben, die alte und eng bebaute Stadtteilstruktur auf der Hauptstraße. Die Gehwege sind teils sehr schmal und werden oft zu geparkt. Ein Kinderwagen oder Rollstuhl kommt dann kaum mehr vorbei. Auch die Fahrbahn ist eng und dient nicht wenigen Lkws als Durchgangsweg. Das führt zu gefährlichen Situationen. Die Geschwindigkeit der Fahrzeuge ist zu hoch. Fahrräder, die eigentlich auf die Fahrbahn müssten, weichen auf den Gehweg aus. Dort kollidieren sie mit Fußgängern und Kindern.

Also organisierten wir Begehungen mit Bürger:innen sowie Vereinsvertreter:innen, um ihre Ideen aufzunehmen. Wir sammelten viele spannende Vorschläge. Aber eines war auch schnell klar: Es brauchte einen großen Wurf. Denn das »Herumdoktern« an den vielen kleinen Problemecken würde die Situation eher verschlimmern. Also forderten wir gemeinsam in einem abgegrenzten, aber zentralen Bereich die Neugestaltung mit einer kompletten Neuordnung des Verkehrs.

»Shared-Space« sollte die Lösung heißen: Alle Verkehrsteilnehmer würden gleichberechtigt sein und der Durchgangsverkehr um den Ort fließen, insbesondere die zahlreichen Lkw auf der Durchreise, die den kleinen Ortskern gefährdeten und das Leben weniger lebenswert machten. Vor allem sollte die Geschwindigkeit der Fahrzeuge reduziert und auf 30 Stundenkilometer begrenzt werden. Die Bewohner:innen des Stadtteils erarbeiteten einen Plan, wie sie künftig in Rath/Heumar leben wollen. Es ging nicht nur darum, sich in einem eng bebauten Quartier nicht dem Verkehr und damit zusammenhängenden Gefahren unterzuordnen, sondern um eine Neugestaltung des kleinstädtischen Zentrums mit den Menschen im Mittelpunkt.

Wir hatten viele durchdachte Ideen, und weil die CDU damals ebenfalls eine Ortsbegehung durchführte, haben wir entschieden, eine gemeinsame politische Initiative zu starten. Und so erarbeiteten mein Partner und Freund von der Union, Stefan Clemens Müller, und ich aus den Ideen der Bürger:innen einen umfangreichen Antrag auf Basis unserer Vorstellungen zur Entwicklung der Rösrather Straße und beschlossen diesen im Januar 2016.

Doch es geht in diesem Kapitel um Enttäuschung, und wer dieses Buch von Anfang an gelesen hat, ahnt es schon: dass die Verwaltung bis heute nichts umgesetzt hat. Trotz mehrmaliger Nachfragen und Forderungen wurde nichts geplant und schon gar nichts umgesetzt. Manche Ausreden empfand ich als frech.

So würden unsere Pläne dem Durchgangsverkehr schaden und hätten negative Auswirkungen auf andere Bereiche. Was war denn mit den negativen Auswirkungen auf unseren Stadtteil? Wogen diese nicht so schwer? Nicht wichtig genug? Diese Fragen musste ich mir stellen. Denn während wir Absagen auf unsere Forderungen erhielten, wurden vergleichbare Vorstöße in benachbarten Stadtteilen umgesetzt. So gibt es heute auf der Bergisch Gladbacher Straße im Stadtteil Holweide – einer der wichtigsten Verkehrsstraßen im rechtsrheinischen Köln – schon seit einiger Zeit eine längere 30er-Zone. Im Stadtteil Dellbrück sogar eine 20er-Zone. Im Linksrheinischen gibt es seit Kurzem eine 20er-Zone auf der viel befahrenen Venloer Straße. Dort geht es. Bei uns nicht? Sorry. Mir fehlen objektive Kriterien, weshalb man unsere Pläne zur Aufwertung der Lebensqualität im Stadtteil nicht umsetzt.

Waren wir noch zu leise? Haben andere hinter den Kulissen noch mehr Druck gemacht? Liegen die Prioritäten innerhalb der Verwaltung vielleicht einfach nur an anderer Stelle in Köln?

Es ist nicht so, als hätten wir locker gelassen. Wir hatten letztlich – nach Mails und Forderungen in öffentlichen Sitzungen der Bezirksvertretungen, ergänzenden Beschlüssen und der Kommunikation über die Presse – auch Krisengespräche mit der damaligen Verkehrsdezernentin Andrea Blome und ihren Mitarbeiter:innen. So gut ich an anderer Stelle mir ihr arbeite – für die

Umsetzung unserer Beschlüsse hat es nichts gebracht. Wir sind keinen Schritt weitergekommen.

Wie soll ich das den Menschen erklären, die ich zur Mitarbeit aufgefordert habe? Ist es da verwunderlich, wenn sie sich »verarscht« fühlen? Und zwar von mir? Wenn die Gründe für das Nichthandeln hierfür wenigstens nachvollziehbar gewesen wären.

Es ist klar, dass eine Innenstadt in einer Metropole immer einen gewissen Vorrang hat. Hier kommt die Stadt zusammen. An dieser Stelle kreuzen die Pendler und sie das Zentrum der touristischen und historischen Hochburg Kölns. Das Herz der Stadt. Aber das Leben findet eben auch in den Randbezirken statt. In Stadtteilen wie Rath/Heumar. Insbesondere sind die ganzen Teilnehmer:innen der Aktionen enttäuscht. Sie haben viel Arbeit investiert und fragen sich zurecht, warum wird nichts umgesetzt? Warum sieht man Neugestaltungen von Stadtteilen in anderen Bereichen der Stadt und nicht bei ihnen?

Am Ende wurde durch die politische Initiative ja eine Erwartungshaltung geschürt. Auch wenn die Politik vor Ort nicht Schuld trägt an der verschleppten Umsetzung, wird sie dafür verantwortlich gemacht. Und ich kann es niemandem verübeln. Irgendeiner muss das Ventil sein und den Ärger abbekommen. Immerhin haben wir das Thema, vor allem auch ich persönlich, nach vorne getragen und dafür Werbung gemacht. Ich habe in den Medien seine Umsetzung gefordert. Und irgendwann erlischt die Bereitschaft mitzumachen wieder, wenn das Ergebnis ausbleibt. Das ist ein toter Punkt der Demokratie und einer von den vielen kleinen Sargnägeln des Ehrenamts.

Kurz vor Weihnachten 2021 bin ich in meiner Fahrradwerkstatt nach der Umsetzung der Sanierungspläne gefragt worden. Manchmal weiß ich in diesen Momenten auch nicht mehr recht, was ich antworten soll. Ich resigniere. Ich bin es auch leid, immer auf die anderen zu schimpfen. Macht das überhaupt noch Sinn? Aber ich fordere in diesen Momenten immer wieder dazu auf, die Verantwortlichen zu nerven. Ihnen auf den Keks zu gehen und eine starke Lobby zu werden.

Jedoch muss man sich die Frage stellen, ob man all diese Menschen bei einer vergleichbaren Aktion noch einmal motiviert bekommt. Wird man sie noch begeistern können? Oder herrscht mehrheitlich die Einstellung, dass ein solches Engagement ohnehin nichts bringt. Warum soll ich mich für die Gesellschaft einsetzen? Wenn eh alles umsonst ist? Bevor ich Extrameilen laufe, kann ich mich auch einfach um mich selbst kümmern. Denn der Stachel schmerzt und Schmerz macht mürbe. Und dahinter steht auch die Frage: Warum soll ich die Politik vor Ort eigentlich noch wählen, wenn ohnehin nichts passiert?

Ich habe noch ein zweites Beispiel aus Rath/Heumar.

Im Stadtteil gibt es eine Sport- und Freizeitanlage. Diese war zum Ende der 2000er-Jahre ziemlich in die Jahre gekommen. Die SPD hatte sich über mehrere Jahre stark dafür engagiert, diese Anlage zu sanieren. 2011 war es so weit und die Sportanlage wurde für rund 200.000 Euro wieder auf Vordermann gebracht.

Im nächsten Schritt ging es darum, auch den veralteten Spielplatz am Rand der Anlage zu sanieren. 2014 konnten wir die passenden Beschlüsse auf den Weg bringen und gaben am Ende rund 250.000 Euro für den neuen Spielplatz frei. Eines war mir damals besonders wichtig: Wir wollten die örtliche Grundschule und Kita bei diesem Projekt involvieren. Doch das war gar nicht so einfach.

Beide Einrichtungen hatten nämlich mit der örtlichen Turnerschaft einen Sponsorenlauf veranstaltet, bei dem viele Kinder insgesamt rund 5.500 Euro erlaufen hatten. Das Geld sollte in die Sanierung fließen und für ein Kleinkindgerät genutzt werden. Bis zu diesem Zeitpunkt lief alles gut.

Leider hatten es Kita, Schule und Turnerschaft nicht leicht. Denn die Stadtverwaltung blockierte alle Vorstöße der Einrichtungen. Irgendwann bat man uns um Unterstützung. Ich versuchte als Mitglied der Bezirksvertretung Kalk dem Problem auf den Grund zu gehen und zwischen Verwaltung und den drei Institutionen zu vermitteln. Die Gründe für die Widerstände waren vielfältig und änderten sich regelmäßig. Oft entsprach das ausgewählte Spielgerät nicht den Vorschriften.

Am Ende gab es einen Kompromiss und wir einigten uns alle auf ein passendes Modell in Form eines Bodentrampolins. In der letzten Sitzung der Wahlperiode 2009/2014 im Mai sollte der Beschluss zur Sanierung mit der Beteiligung der Einrichtungen zu dem gewünschten Spielgerät erfolgen. Doch mitten in der Sitzung machte die Verwaltung einen Rückzieher vom gemeinsamen Kompromiss. Nachdem ich unseren Antrag vorgetragen hatte, meldete sich die anwesende Vertreterin der Fachverwaltung zu Wort und teilte mit, dass sie diesen Kompromiss ablehnen würde. Die zuständigen Verwaltungsmitarbeiter:innen wollten also von einer Einigung nichts mehr wissen und lehnten das Kleinkindgerät öffentlich ab. Und das, obwohl wir uns vorher diesbezüglich ausgetauscht und per Mail geeinigt hatten.

Warum kam es dazu? Ich bin bis heute davon überzeugt, dass wir – die Politik, die Kita, die Schule, die Kinder – diesen Verwaltungsmitarbeiter:innen lästig waren. Wir störten. Wie sieht man Staatsbürger? Nicht als Souverän. Vielleicht mehr als Untertan? Da lief einiges falsch!

Wir standen kopf. Kita, Schule und Turnerschaft waren äußerst demotiviert. Ständig liefen sie gegen die Wand an. Immer wenn das Gefühl aufkam, endlich eine Lösung gefunden zu haben, ging es wieder schief. Nie zu wissen, warum eigentlich das eigene Projekt ständig torpediert wird, machte die Beteiligten mürbe. Und die Hoffnung auf eine Realisierung war trotz Beschluss nicht besonders groß. Dazu kam, dass immer mehr Kinder die Grundschule verließen und das Ergebnis ihres Einsatzes gar nicht mehr erlebten.

Nach der Wahl wurde ich Fraktionsvorsitzender der SPD und blieb am Ball. Ich holte mir regelmäßig Sachstände bei der Verwaltung ein. Das Gefühl, dass etwas nicht stimmte, blieb. Irgendwann gingen mir die zuständigen Verwaltungsmitarbeiter:innen konsequent aus dem Weg. Sie waren nicht mehr erreichbar, gingen nicht ans Telefon oder antworteten auf Mails. Erreichte ich doch mal jemanden, wurde ich vertröstet. Kurz bevor die Sanierung beginnen sollte, bestätigte man mir telefonisch, dass alles nach

Plan liefe. Aber das stimmte nicht. Kurz danach erfuhr ich, dass man das Kleinkindgerät heimlich nicht umsetzen wollte.

Ich wurde belogen. Die Menschen vor Ort wurden belogen. Ich tat das, was ich in meiner ganzen politischen Zeit sehr selten getan habe. Ich beschwerte mich bei der zuständigen Verwaltungsspitze. Erst diese Eskalation an höchster Stelle hatte den gewünschten Erfolg.

2016 war der Stadtteil um einen attraktiven Spielplatz reicher. Inklusive eines Kleinkindgeräts. Jedoch um welchen Preis? So viel unnötiger Frust wurde produziert.

Es gibt zahlreiche Gründe dafür, dass Engagement im Keim erstickt wird, sich Frust breit macht und sich Menschen in ihr Schneckenhaus zurückziehen. Das Ergebnis ist oft, dass danach etwas fehlt. Es wird eine Lücke hinterlassen. Und das ist in den meisten Fällen absolut schade.

Ein letztes Beispiel hierfür, ich habe es im Kölner Stadtteil Brück erlebt. Es verdeutlicht sehr gut, dass sich Bürger:innen auch gegenseitig frustrieren und das Leben schwer machen können.

Brück ist ein schöner, aber auch alter und teils sehr eng bebauter Stadtteil. Im Grunde ein uraltes Dorf, welches zu einem größeren Stadtteil mit über 10.000 Einwohner:innen angewachsen ist. Gleichzeitig wird das Veedel durch eine der vielbefahrensten Ost-West-Achsen im Kölner Osten durchquert.

Ich bin 2017 von einer Initiative junger Familien um Unterstützung gebeten worden. Ich habe selbst sehr gerne mit meiner Familie in diesem Veedel über Jahre gelebt und konnte die Probleme der Familien daher sehr gut nachvollziehen. Sie kritisierten einige gefährliche Verkehrssituationen für Kinder und hatten Ideen zur Umsetzung vorbereitet. Unter anderem organisierten wir eine Begehung mit Mitarbeiter:innen der Fachverwaltung. Kleinere Vorschläge der Familien zur Erhöhung der Verkehrssicherheit konnten nach dem Treffen direkt umgesetzt werden. Andere, wie zum Beispiel ein neuer Verkehrsfluss mit einer Einbahnstraßenregelung zum Verhindern des Durchgangsverkehrs im Wohngebiet, brauchten natürlich mehr Zeit. Ich unterstützte diese Ideen.

Aber diese Vorschläge wurden kassiert. Und diesmal nicht in erster Linie von der Politik oder der Verwaltung. Andere Vereine und Bürger:innen waren mit den Veränderungen nicht einverstanden. So war man zum Beispiel gegen die Einführung von Einbahnstraßen zur Verkehrsregulierung. Das würde ja zu Umwegen auf dem persönlichen Heimweg führen. Oder man war gegen Poller auf Gehwegen, die zwar mehr sicheren Platz für Fußgänger schaffen, jedoch Stellflächen für Pkws verringern würden. »Nicht vor meiner Haustüre!« Da haben wir es wieder. Bloß nichts verändern, und vor allem galt das Motto: War nicht unsere Idee, also geht es nicht. So und so ähnlich geht das oft an der Basis unserer Demokratie.

Heute hat sich leider nichts verändert und die Initiative hatte in der Folgezeit keinen leichten Stand. Es gab im Veedel teilweise zu wenig Veränderungswillen, und die Mühlen im Zusammenspiel mit anderen alt eingesessen Vereinen mahlten langsam.

Zu langsam.

»Nicht vor meiner Haustüre«. Fehlender Veränderungswille vor Ort bleibt ein zäher Widerstand, wenn man gestalten will. Das weiß ich als ehemaliger Kommunalpolitiker nur zu gut. So etwas macht letztlich nicht nur die Politik mürbe.

Am Ende ist es immer und vor allem die fehlende Wertschätzung. Wenn man sich zu oft fragen muss, weshalb man etwas macht. Wenn man den Sinn in seinem Engagement immer häufiger suchen muss und ihn vielleicht nicht mehr findet und sich anstelle dessen den nächsten Vorwurf wegen irgendeiner Belanglosigkeit anhören muss. Tja. Dann sitzt der Stachel irgendwann so tief, dass es reicht. Basta. Ich bin dann mal weg!

9 Die Grenzen einer Freizeitregierung

»Cuttin through the darkest night in my two headlights. Trying to keep it clear, but I'm losing it here to the twilight.«

(Standing still, Jewel, 2001)

Köln ist mit über einer Million Einwohner:innen die viertgrößte Stadt unseres Landes. Und als einzige der vier großen Metropolen wird sie ehrenamtlich »regiert«. Dass Kommunalpolitik in der Regel ehrenamtlich geführt wird, hat viele Vorteile. Man ist in der Regel durch seinen Job gut geerdet. Die Gefahr, in einer Blase zu leben und nur eine beschränkte Sicht auf sein Umfeld zu haben, ist gering. Man behält also ein gutes Stück Realitätssinn und ein gutes Gefühl für die Wirklichkeit. Ich finde das grundsätzlich sehr gut und das funktioniert in unzähligen Kommunen.

Das Ganze hat aber Grenzen. Denn in einer Millionenstadt Politik zu machen, kann zu einer ganz schönen Strapaze werden. Je nach Mandat und Aufgabe macht man diese Arbeit nicht mehr nur nebenbei. Das wird ein »Full time«-Job, ob er nun bezahlt ist oder nicht. Immerhin gibt es eine Aufwandsentschädigung. Aber dazu später mehr.

Am besten kann man das an der Größe des Stadthaushaltes erkennen. Köln hat 2021 einen Haushalt in Höhe von rund 5,11 Milliarden Euro gehabt. Damit war er größer als der des Saarlandes (4,96 Milliarden Euro), einem Bundesland.

Berlin und Hamburg als zu vergleichende Städte sind Länder beziehungsweise Stadtstaaten. Deren Kommunalpolitik besteht im Grundsatz aus Berufspolitikern, die sich vollkommen ihrer Aufgabe widmen können. München ist zwar kein Stadtstaat, hat als bayerische Landeshauptstadt aber eine bedarfsgerechtere

Entschädigung für die ehrenamtliche Kommunalpolitik eingeführt.

Jetzt ist es sehr wahrscheinlich, dass die ersten Leser:innen die Hand heben und sagen: »Typisch, war doch klar, dass es nur ums Geld geht und darum, sich die Taschen voll zu machen!«

Solche Sätze sind mir in den 15 Jahren Kommunalpolitik sehr häufig vorgekommen. Und allzu oft wird nicht unterschieden, zwischen professionellen Abgeordneten (die in der Regel durch ihr Mandat übrigens auch nicht reich werden) sowie ehrenamtlichen Stadträt:innen und Bezirksvertreter:innen.

Aber genau das ist es: Professionalität. Man kann eine Stadt wie Köln, Bonn, Dortmund oder auch Düsseldorf eben nicht mit Heinsberg, Much oder Menden vergleichen. Das ist schlicht eine Nummer größer und es braucht viel mehr Zeit und Aufwand für Mandatsträger:innen.

Als ehrenamtlicher Bezirksbürgermeister habe ich durchschnittlich 15 bis 20 Stunden pro Woche aufgebracht. Natürlich mal mehr und mal weniger. Aber wenn man seine Aufgabe ernst nimmt, kommt man auf diesen zeitlichen Aufwand. Wenn dann auch noch ein pralles Wochenende mit Terminen dazu kommt, ist man auch schon über der oben genannte Zeitaufwand. Wenn man es zulässt, kann das schnell ein »Full time«-Job werden. Es wird aber so nicht bezahlt.

Den Mitgliedern des Kölner Stadtrates geht es da ähnlich. Im Durchschnitt ist ein Ratsmitglied ebenfalls 15 Stunden unterwegs. Man ist zum Beispiel Mitglied in zwei Ausschüssen und zwei Arbeitskreisen, hat Fraktionssitzungen, Ratssitzungen, weitere Termine mit der Stadtverwaltung, ist in seinem Wahlkreis unterwegs und nimmt dort zahlreiche Termine wahr. Die Liste könnte immer so weiter gehen. Egal ob ich Bürgermeister oder Ratsmitglied bin.

In jeder anderen Stadt in Nordrhein-Westfalen mit gleichvielen Einwohnern wie Kalk – zum Beispiel Bergisch Gladbach oder Leverkusen – wäre ich hauptamtlicher Oberbürgermeister gewesen. Und damit ein Beamter. Ich war hingegen ehrenamtlicher Mandatsträger und musste – wie viele andere auch – einen täglichen Spagat zwischen meiner Familie, der Politik und dem eigentlichen Beruf leisten.

Das war nicht einfach. Im Gegenteil. Und das geht auch nicht auf Dauer gut, wenn man wie ich unter Volldampf arbeitet.

Womit machen sich Bezirksbürgermeister:innen und die Kolleg:innen in den Bezirksvertretungen also ihre Taschen voll?

Gemäß einer Landesverordnung in Nordrhein-Westfalen erhalten Bezirksvertreter:innen einer kreisfreien Stadt zurzeit eine monatliche Aufwandsentschädigung in Höhe von 279,50 Euro. Dieser Betrag ist zum Teil steuerpflichtig. Ein zusätzliches Sitzungsgeld gibt es nicht, jedoch die Möglichkeit eines kostenfreien Monatstickets für den ÖPNV oder eine Fahrkostenabrechnung.

Diese Aufwandsentschädigung zerrinnt aber relativ schnell wieder zwischen den Fingern. Zunächst möchte die jeweilige Partei Abgaben haben. Die sind je nach Partei und Funktion unterschiedlich hoch. Dann folgen weitere Ausgaben wie eine mögliche Büroausstattung (zum Beispiel Büromaterial und Porto), Geschenke für repräsentative Termine und auch mal Spenden. Viel bleibt da nicht übrig. Oftmals habe ich als einfacher Bezirksvertreter draufgezahlt und ich weiß, dass ich nicht der Einzige war und bin.

Mandatsträger:innen mit einer höheren Funktion, zum Beispiel Fraktionsvorsitzende, erhalten die doppelte Aufwandsentschädigung. Als Bezirksbürgermeister habe ich die dreifache Entschädigung erhalten und hatte selbstredend mehr zu tun.

Im Kölner Stadtrat sieht das Ganze etwas anders aus, aber nicht unbedingt besser. So gibt es eine monatliche Pauschale (Stand Dezember 2020: 514,10 Euro) als auch ein Sitzungsgeld in Höhe von 21,20 Euro. Auch hier gilt, dass höhere Funktionen eine erhöhte Pauschale erhalten. Es ist aber auch mehr Arbeit und Zeit zu investieren.

Man übernimmt eine kommunale Aufgabe also nicht, um reich zu werden. Ich glaube, das wird einem schnell klar.

Ein gutes Beispiel, an dem man sehen kann, dass das System in der jetzigen Form nicht wirklich gut läuft, sind für mich die Fraktionsvorsitzenden im Kölner Stadtrat. Die Frauen und Männer in dieser Position haben eine sehr große Verantwortung in einer Stadt, die wie schon beschrieben einen höheren Haushalt hat, als das Bundesland Saarland. Es gilt also, wichtige Entscheidungen zu treffen, eine Fraktion mit manchmal über 20 Mitgliedern zu führen, Abstimmungen mit anderen Fraktionen und Verwaltungsspitzen zu halten. Kurzum: Es ist ein sehr zeitaufwendiger Job, den man eigentlich nicht nebenbei machen kann.

In der Kölner SPD ist es so, dass sich Fraktionsvorsitzende im Stadtrat über ein Mandat im Landtag NRW beruflich absichern können. Normalerweise ist ein sogenanntes Doppelmandat nicht gewünscht. Es sollen sich nicht zu viele Mandate auf wenige Personen verteilen. Eine, wie ich finde, grundsätzlich richtige Entscheidung. Bei der Kölner SPD gibt es diese eine Ausnahme. Das ist bei anderen Parteien ähnlich und überall in NRW findet man ebenso die Verknüpfung zwischen Landtagsmandat und kommunaler Aufgabe.

Diese Ausnahme soll die Fraktionsvorsitzenden in die Lage versetzen, ihr kommunales Spitzenmandat durch das Mandat in der Berufspolitik professionell ausführen zu können. Und ja, das funktioniert. Man muss nicht mehr den Spagat zwischen dem Arbeitgeber und der Politik schaffen und gleichzeitig versuchen, dass das Privatleben nicht unter die Räder kommt. Diese Doppelrolle bringt auch Synergien mit sich und man kann die kommunalen Interessen auch in den Landtag bringen und dort verstärkt vertreten.

Aber eines passiert trotzdem. Indem man Zeit, die man eigentlich für die Ausübung eines Landtagsmandats nutzen sollte, nun für ein kommunales Mandat einsetzt, fehlt sie natürlich auf der Habenseite im Land. Denn für dieses Mandat kann man nicht mehr 100 Prozent seiner Arbeitszeit investieren. Selbst wenn es durch ein gutes Zeitmanagement nicht stark ins Gewicht fällt oder man sagt, das eine ist dann doch in der Freizeit (ja, auch Abgeordnete haben Freizeit) und ein Ehrenamt. Im Sinne des Erfinders kann es trotzdem nicht sein.

Nach meinem kleinen Exkurs zur finanziellen Entschädigung von Mandatsträger:innen möchte auf meine ursprüngliche Frage zurückkommen: Ist eine Millionenstadt auf Dauer in der heutigen Zeit noch ehrenamtlich regierbar?

Möglich ist es schon. Natürlich. Jedoch sollten wir uns wahrscheinlich besser fragen, in welcher Qualität es denn möglich ist. Ich habe zu Beginn bereits über das zeitliche Pensum gesprochen, welches man investieren muss. Wenn man dann noch über den Anspruch der Bürger nachdenkt und wie viel von einem abverlangt wird, dann bin ich felsenfest davon überzeugt: Es muss sich etwas ändern. Es braucht eine bessere Work-Life-Balance in der Kommunalpolitik einer Großstadt.

Eine Möglichkeit könnte sicherlich sein, die aktuellen Aufwandsentschädigungen weiter zu erhöhen. Aber das wird auf Dauer nur leicht helfen und schon gar nicht die Vereinbarkeit von Familie, Politik und Beruf verbessern.

Vielleicht braucht es vielmehr einen Systembruch für Städte ab einer gewissen Bevölkerungsgröße – ich werfe einmal platt 500.000 Einwohner in den Raum. Man könnte auch 400.000 oder 750.000 Einwohner nehmen. Aber ab einem gewissen Grad wird der Aufwand immer höher und die Anforderungen steigen und steigen.

Wagen wir den möglichen Systembruch am Beispiel Köln. Meine Stadt hat 90 Ratswahlkreise. Ehrenamtlich macht diese Anzahl Sinn. So betreut man rund 10.000 Menschen in seinem Wahlkreis. Zum Vergleich: Hauptamtliche Bundestagsabgeordnete betreuen rund 250.000 Menschen in ihren Wahlkreisen.

Es lohnt aber auch ein weiterer Blick auf die Ebene der Bundesländer: Von 16 Ländern haben sieben gleich viele (Thüringen) beziehungsweise weniger Landtagsabgeordnete (Brandenburg, Bremen, Mecklenburg-Vorpommern, Saarland, Sachsen-Anhalt und Schleswig-Holstein) als Köln Ratsmitglieder vorweisen kann.

Wäre es von dieser Betrachtungsweise nicht sinnvoll, die Anzahl an Ratsmitgliedern auf rund die Hälfte, also 44, oder sogar auf ein Drittel zu reduzieren?

Im Gegenzug würden die Ratsmitglieder eben professionell bezahlt und könnten sich mit ganzer Kraft und in Vollzeit ihrer Aufgabe zum Wohle der Stadt widmen.

Der ewige Spagat, um den beruflichen Termin mit dem Ausschuss zu verbinden, um danach die Kinder aus der Kita zu holen, könnte deutlich entspannt werden. Das abendliche Studieren von 100-seitigen Ausschussunterlagen könnte in eine konstruktivere Zeit verlagert werden, würde zu einer besseren Qualität der Ratsarbeit und natürlich zu einer besseren Vereinbarkeit von Familie und Politik führen.

Natürlich würde eine solche Revolution im ersten Schritt zu höheren Kosten für die Stadt führen. Für einen ersten Überblick vereinfache ich den Vergleich bewusst:

Gehen wir davon aus, dass künftig nur noch 44 Ratsmitglieder eine Diät in Höhe von 4.000 Euro erhalten, führt dies zu einer Summe von rund 2,11 Millionen Euro im Jahr. Heute erhalten 90 Ratsmitglieder durchschnittlich eine Aufwandsentschädigung von 700 Euro pro Person und kosten die Stadt jährlich rund 760.000 Euro. Das bedeutet eine Differenz von rund 1,35 Millionen Euro.

Ich glaube aber, dass man diese Differenz – bei einem gesamtstädtischen Haushalt in Höhe von rund 5 Milliarden Euro – recht schnell verkleinern oder umdrehen kann, wenn man bedenkt, wie sehr man die Qualität der Ratsarbeit verbessern kann.

Wenn hauptberufliche Räte ausreichend Zeit haben, sich intensiv in Großprojekte einarbeiten zu können, wenn politische Vorgänge kritischer geprüft und kontrolliert werden können, wenn Dimensionen von Vorgängen besser im Blick gehalten werden können und man sich mehr Zeit für die Menschen vor Ort nehmen kann, dann wird Kommunalpolitik besser, und am Ende wird eine bessere Politik für eine Stadt auch günstiger.

Selbstredend ist das ein Ansatz, der nur auf Landesebene umgesetzt werden kann. Daher lohnt es vielleicht auch, zwei Gänge zurückzuschalten und nach kleineren Schritten zu suchen.

Ratsfraktionen haben die Möglichkeit, zur Unterstützung Mitarbeiter:innen zu beschäftigen, die inhaltlich vorbereiten und zuarbeiten. Das ist eine große Hilfe. Bezirksbürgermeister:innen oder Fraktionen in den Bezirken haben diese Unterstützung in dieser Form bisher nicht.

Bezirksbürgermeister:innen haben wenigstens ein eigenes Büro mit einem Sekretariat. Keine Frage. Aber wirklich hilfreich wäre neben einem Sekretariat eine inhaltliche Mit- und Zuarbeit. Persönliche Referent:innen könnten die ehrenamtliche Arbeit der Bezirksbürgermeister:innen sehr sinnvoll ergänzen und unterstützen. Es wäre eine wichtige Stütze und würde dafür sorgen, dass man der Verantwortung für seine Stadt und die Menschen in seinem Bezirk noch besser gerecht werden kann.

Und auch Fraktionen könnten von Mitarbeiter:innen – in Voll- oder auch nur in Teilzeit – profitieren. Sie könnten sich zum Beispiel Referent:innen teilen.

Es sind kleinere Bausteine, die helfen könnten, Kommunalpolitik in einer Millionenstadt besser zu gestalten. Und ich bin ganz offen: Ich würde mir wünschen, man würde den Mut haben und die Revolution wagen. Dies wäre ein richtiger Schritt hin zu mehr Professionalität.

10 Sport sucht Heimat

»That you've got a higher power. Got me
singing every second, dancing every hour.
Oh yeah, you've got a higher power. And
you're really someone I wanna know.«

(Higher power, Coldplay, 2021)

Für mich gibt es im Leben zwei Sachen, die es schaffen, Menschen
zusammenzuführen. Die Gemeinschaft bilden und Gefühle erwecken. Manchmal liegen Freud und Leid ganz nah beisammen. Das
ist auf der einen Seite die Musik. Wenn man sich anschaut, wir
manche Stadien oder Konzerthäuser dieser Welt bis zum letzten
Platz gefüllt, Lieder mitgesungen werden. Erinnerungen sind mit
ihnen verbunden. Musik macht Freude und gibt Halt.

Das andere ist natürlich der Sport. Ob in Einzeldisziplinen oder
Mannschaftssportarten wie Fußball, Handball oder Eishockey.
Man spielt oder fiebert mit. Man gewinnt als Gemeinschaft oder
erlebt eine Niederlage.

Ich selbst habe nie im Sportausschuss mitgearbeitet, aber durch
meine Aufgaben in der Bezirkspolitik immer viel Berührung mit
den Sportvereinen vor Ort gehabt und mit und für sie gearbeitet.

Wenn wir an Infrastruktur und Finanzmittel denken, dann läuft
natürlich auch nicht immer alles rund in einer Millionenmetro-
pole. Manches braucht Zeit, weil Prozesse langwieriger sind. In
einer Stadt wie Köln, oder auch Hamburg, München und natürlich
Berlin, gibt es natürlich nicht nur ein paar Sportvereine wie auf
dem Land. Es gibt Hunderte mit jeweils berechtigten Interessen
und Forderungen und ihren einzelnen kleinen oder großen Problemen.

Am Ende gibt es natürlich auch einen sportlichen Konkur-
renzkampf in einer Stadt. Das beste Beispiel aus meiner kom-

munalpolitischen Vergangenheit ist mit Sicherheit der Ausbau der Kunstrasenplätze in Köln für den Fußball. Das große Ziel der Sportstadt ist seit Jahren der Umbau von alten Ascheplätzen zu modernen Sportanlagen. Und wenn man mit der gesamtstädtischen Brille auf die Karte schaut, ist auch eine ganze Menge passiert.

Grundlage für die Pläne war eine Prioritätenliste. Natürlich gab es Prämissen für die Priorisierung wie den baulichen Zustand der Anlage, die Anzahl an aktiven Mannschaften oder auch, ob die Anlage durch Schulen und andere Vereine mitgenutzt wurden. Und doch entsteht eine solche Planung oft mit starker Lobbyarbeit durch einzelne Kommunalpolitiker. Da kann es manchmal passieren, dass der ein oder andere Verein in die Röhre schaut. Das kann die Aktiven vor Ort ganz schön frustrieren. Vor allem dann, wenn die Entscheidungen für den einen oder anderen Standort nicht immer nachvollziehbar sind.

Bei uns war es zum Beispiel so, dass die Prioritätenliste nicht mehr den aktuellen Stand abbildete. Manche Vereine gab es nicht mehr, manche hatten kaum noch Spielbetrieb. Andere Vereine haben sich wahnsinnig gut entwickelt, hatten aber ziemlich marode Sportanlagen. Eine Veränderung der Liste war nicht möglich. Während bei anderen Vereinen in benachbarten Bezirken bereits moderne Anlagen entstanden, wechselten aufgrund der unklaren Situation bei unseren Vereinen die Spieler:innen ab.

Nach vielen Gesprächen, die ich als Bürgermeister und mit meinen Kolleg:innen mit dem Sportamt und den Sportpolitiker:innen im Stadtrat geführt hatte, wurde 2017 eine neue Prioritätenliste beschlossen. Was mir besonders wichtig war, die bereits bestehenden Prämissen wurden deutlich konkretisiert und es entstand eine transparente und sehr nachvollziehbare Bewertungsmatrix für die kommende Planung.

Von der neuen Planung profitierten auch Vereine aus meinem Stadtbezirk Kalk. Der Ansatz von 2013 wurde infolgedessen auch fortgeschrieben. Erst 2021 und wurde die letzte Prioritätenliste verabschiedet. Wenn man bedenkt, dass alleine für die Jahre

2021/2022 gemäß Beschlussvorlage fast 4,4 Millionen Euro in die Modernisierung investiert wird, kann man nicht meckern.

Trotz all dieser Anstrengungen läuft das ein oder andere Projekt natürlich nicht störungsfrei. Mal fehlt Personal in der Verwaltung, manchmal gibt es Probleme bei Ausschreibungen. Wahrscheinlich kennen alle Vereinspräsident:innen, Trainer oder Platzwarte diese Sorgen. Egal ob in Hamburg, Köln, Stuttgart oder Halle.

Ich erinnere mich noch gut an den regelmäßigen Austausch mit der SC Borussia Kalk und insbesondere ihrem Präsidenten. Der Verein war Mitte der 2010er-Jahre bereits auf der Prioritätenliste. Was bedeutet das? Wenn die Sportanlage endlich an die Reihe kommt, wird modernisiert und ausgebaut und der jeweilige Verein kann auf Fördermittel hoffen. Der Bau beginnt nicht sofort, denn der Planungsprozess braucht natürlich eine Weile. Aber wenn dieser Schritt läuft, ist man als Verein schon ein gutes Stück näher am Kunstrasenplatz.

Der Ausbau der Kalker Anlage sollte dem Verein und dem Stadtteil einen gewaltigen Schub geben. Doch es dauerte und dauerte. Der Verein schieb Frust, saß mir berechtigterweise im Nacken und ich natürlich dem Sportamt.

Letztlich haben wir viel Arbeit investiert. Ich saß selbst beim damaligen Amtsleiter des Sportamtes, sprach über die Kalker Anlage und versuchte, die Bearbeitung zu pushen. Das ist etwas, das ich gerne und häufig gemacht habe. Mich mit den zuständigen Mitarbeiter:innen der Verwaltung über Möglichkeiten und Lösungen zu unterhalten und darüber, wie wir sie umsetzen. Das ist auch notwendig, wenn Du keine disziplinarischen Befugnisse in der Verwaltung hast. Man muss Menschen für sich gewinnen. Das nimmt viel Zeit in Anspruch. Über diese Gespräche kannst du andere auch nicht immer informieren. Sie sind informell. Und dein Standing hängt davon ab, wie du mit manchen Gesprächsinhalten umgehst. Da ich immer loyal und verschwiegen war, musste ich damit kämpfen, dass manches einfach nicht bei den Betroffenen ankam. Das ist ein Preis, den man manchmal bezahlen muss. Das gilt nicht nur für dieses Projekt, sondern für viele andere auch.

Wir stellten als SPD-Fraktion Anfragen, erkundigten uns mit dieser offiziellen Form über Sachstände und bauten Druck auf.

2016 war es auch so weit und der neue Sportplatz wurde eingeweiht. Mein Sohn hat später öfters auf dieser Anlage gespielt und es hat mir gezeigt, wie wichtig die Modernisierung ist. Das vor allem, wenn man selbst auf einem Acker spielen muss. Aber dazu gleich mehr.

In Kalk hat am Ende alles gepasst. Aber der Weg dahin war sicher mühsam für die Aktiven vor Ort, und das kennen nicht wenige Ehrenamtler in diesem Land. Solche Erfahrungen sind Gründe dafür, warum es in Deutschland immer schwerer wird, engagierte Ehrenamtler zu finden, die die Verantwortung übernehmen, um zum Beispiel als Vorsitzende oder Schatzmeister für die Entwicklung des Vereins einzutreten, von ihren Mitgliedern Druck erhalten, weil vielleicht ein Ausbau nicht vorangeht. Eine Entwicklung, an der sie keine Schuld haben.

Ein besonders schwieriges und komplexes Beispiel hierfür ist die Rettung des RSV Rath/Heumar mit seiner Fußball- und Handballabteilung und die notwendige Standortsicherung. Hiervon sind auch zwei weitere Tennisvereine betroffen.

Was muss man wissen?

Der RSV Rath/Heumar hat zwei Besonderheiten: Er liegt zum einen im zentralen Ortskern. Er ist praktisch ein Mittelpunkt des Stadtteils und liegt mitten im Wohngebiet und ist praktisch für meisten im Quartier fußläufig erreichbar. Zum anderen ist es, glaube ich, der einzige Verein in der Stadt, dessen Fußballplatz nicht auf städtischem Gebiet liegt. Grundstückseigentümerin ist also nicht die Stadt Köln, sondern eine private Familie. Diese hat das Grundstück verpachtet. Ebenso an zwei Tennisvereine, die auf dem Gelände seit vielen Jahren beheimatet sind.

Diese beiden Punkte sorgen schon für mehrere Konflikte. Die Lage im Ortskern ist für die Erreichbarkeit natürlich optimal. Man kommt fußläufig oder mit dem Fahrrad hin. Kinder haben kurze und sichere Wege zum Verein. Für Eltern eine tolle Sache. Eine charmante Situation, die ich in Köln selten erlebt habe.

Zum einen verursacht der Vereinssport natürlich auch Lärm. Durch Spiele, Training oder auch bei Veranstaltungen im Vereinsheim. Auch wenn ich persönlich, der nicht weit entfernt wohnt, überhaupt kein Problem mit diesen Emissionen hat. Im Gegenteil finde ich die Geräuschkulisse im Garten verweilend sogar ganz angenehm. Aber es gibt andere, die es stört. Und aus ihrer Sicht ist das natürlich in Ordnung.

Zum anderen ist die Entwicklungsfähigkeit von Sportanlagen natürlich eingeschränkt, wenn man nur privater Mieter ist. Investitionen rentieren sich nur bei einer langfristigen Laufzeit und passenden Vertragskonditionen und städtische Förderungen sind dementsprechend nur bedingt zu erhalten.

Und genau das ist das Problem der gesamten Geschichte.

Schon Mitte der 2010er-Jahre ergab es sich, dass der Pachtvertrag des Vereins Anfang der 2020er auszulaufen drohte und die Gespräche mit dem Grundstückseigentümer stockten. Gleichzeitig war es dem Verein und uns nicht möglich, ihn auf die bereits erwähnte Prioritätenliste zu bringen. Durch die fehlende Standortperspektive waren auch städtische Mittel nicht zu erhalten.

Es gab mehrmals Versuche, Bewegung in die Situation zu bekommen. Letztlich passierte lange nichts, vor allem, weil eben der Grundstückseigentümer – von dem man auch wusste, dass er Pläne für das Grundstück hatte – nicht mehr erreichbar war.

Es ging aber nicht nur um einen auslaufenden und zu verlängernden Pachtvertrag. Der Zustand der Anlage war und ist trotz zahlreicher Investitionen des Vereins katastrophal. Über Monate kann durch nicht ablaufendes Wasser auf dem Ascheplatz die Anlage nicht genutzt werden.

2020 das 100-jährige Vereinsjubiläum gefeiert zu haben, nicht zu wissen, wie es weiter geht, auf einer äußerst maroden Anlage zu spielen, während benachbarte Vereine zwischenzeitlich auf modernen Kunstrasenplätzen spielen, zu erleben, wie immer mehr Mitglieder den Verein in anderen Richtungen verließen, höhlt das Vereinsleben aus.

Als ich Bezirksbürgermeister wurde, versuchte ich einen neuen Aufschlag. Ich war in Kontakt mit dem Grundstückseigentümer und seinen Projektplanern. Für mich war klar, dass es Bewegung brauchte und vor allem wieder Kommunikation. 2017 war schon viel Porzellan zerbrochen und wenig Vertrauen bei den Vereinen und auch bei mir gegenüber dem Grundstückseigentümer vorhanden.

Die ersten Gespräche waren vielversprechend. Alle Beteiligten saßen wieder an einem Tisch. Der Verein, der Grundstückseigentümer, seine Projektentwickler. Ich lud auch die CDU als zweite große Partei im Stadtteil mit ein. Mir war wichtig, eine große Lösung zu erarbeiten, die am Ende auch eine politische Mehrheit finden würde.

Zwar wollte der Verein am liebsten am bisherigen Standort verbleiben. Es gab aber ein besonders schwieriges Problem. Sollte die Anlage vor Ort durch die Modernisierung umgebaut werden, würde nach eindringlicher Warnung der Stadtverwaltung der Bestandsschutz verloren gehen: Die Gefahr wäre, dass bei einer möglichen Klage durch Anwohner aufgrund von Lärmbelästigung eine eingeschränkte Nutzung der Plätze die Folge wäre. Vergleichbare Probleme gab es bereits in Köln und im Umland. Und wenn man plötzlich am Wochenende nur noch für wenige Stunden aufgrund des Lärmschutzes die Sportanlage nutzen darf? Wie soll man dann einen Spielbetrieb aufrechterhalten?

Klagen waren nicht unwahrscheinlich und im Ort schon angekündigt worden. Deswegen gab es eine neue Überlegung und ein ganzheitliches Konzept. Eine Verlagerung des RSV in einen Bereich am Rand des Stadtteils. Hiervon wären dann auch die beiden Tennisvereine betroffen. Gleichzeitig könnte an der alten Stelle zum Beispiel eine Wohnbebauung entstehen.

Die Idee war folgender Kompromiss: Der Sport sollte neue und moderne Sportanlagen erhalten. Die Finanzierung sollte aus dem geplanten Wohnungsbauprojekt erfolgen. Die Fläche des neuen

Standorts, die ebenfalls dem Grundstückseigentümer gehört, wäre der Stadt Köln zu übertragen. Damit wären die bisherigen Probleme mit den Pachtverträgen nämlich für die Zukunft erledigt.

Darüber hinaus sollte in diesem Zusammenhang auch der Bau einer weiterführenden Schule, bestmöglich einer Gesamtschule, im Ort realisiert werden. Denn hierfür gibt es in der Stadt und auch unmittelbar großen Bedarf.

Die neuen Standorte für den Sport würden an der Randlage einer großen Freifläche zwischen den Kölner Stadtteilen Rath/Heumar, Brück und Neubrück entstehen. Es müsste Sorge getragen werden, dass es nur bei einer Randbebauung bliebe und der Rest des Naturgebiets erhalten bliebe. Die Sportplätze würden neben ein bald entstehendes Naturfreibad und eine Wasserski-Anlage ziehen. Eine verwandte Nutzung.

Wenn also im Veedelskern neuer Wohnraum entstehen würde, sollte es meines Erachtens auch geförderter und bezahlbarer Wohnraum sein. Ebenso sollte auf städtischer Seite dafür gesorgt werden, dass wichtige Rath/Heumarer Projekte endlich umgesetzt würden: die angesprochene Entwicklung der Rösrather Straße, ein Ausbau des Öffentlichen Personennahverkehrs und neue Fuß- und Radwege – zum Beispiel zu den neuen Sportanlagen. Das aus dem Sport geborene Projekt könnte ein Motor für vieles mehr werden.

Im Grunde war man sich zumindest in diesem Kreis einig und wollte diese Planung gemeinsam fortsetzen. Natürlich ist klar, dass man nicht alle glücklich macht. Es gibt die Menschen vor Ort, die jeglichen Eingriffs ins Grüne konsequent ablehnen. Es gibt diejenigen, die Veränderungen sowieso nicht mögen und weitere Wege zu ihren Sportvereinen verweigern. Neue Wohnbebauung vor meiner Haustüre? Nein Danke! Wir erinnern uns.

Baurecht zu schaffen, braucht immer Zeit. Das ist so. Und darauf kann man sich einstellen. Leider hakt es nun hieran. In der Zwischenzeit gab es eine Kommunalwahl in NRW und in Köln neue Mehrheitsverhältnisse. Und die bestehende Ratsmehrheit aus Grünen, CDU und Volt hat keine einheitliche Position in dieser Frage.

Bereits mehrmals wurden Ende 2021 notwendige Entscheidungen im Stadtentwicklungsausschuss verzögert und die Vorlagen vertragt.

Und wieder einmal müssen sich die Verantwortlichen des RSV Rath/Heumar und der beiden Tennisvereine fragen, wie es weitergeht. Wieder stockt es. Wieder ist absolut unklar, ob überhaupt eine Zukunft besteht. Das viele noch nicht das Handtuch werfen, ist für mich ein Wunder.

Ende Januar 2022 suchten die Betroffenen den Weg in die Medien. Sowohl im WDR-Lokalfernsehen[12] als auch in der Kölner Presse wurde am 21. Januar 2021[13] und am 3. Februar 2022[14] über die stockende Entwicklung und unklare Zukunft aufmerksam gemacht. Im Grunde stehen die Vereine und ihre Zukunft vor dem Ruin.

Dass es für grüne Teile der Ratsmehrheit ein rotes Tuch ist, in die Natur einzugreifen, ist nachvollziehbar. Aber sind Sportanlagen am Rande einer Grün- und Landschaftsfläche kein guter Kompromiss? Kann man nicht dort auf ein Mindestmaß an Versiegelung verzichten und naturnah bauen? Man könnte politisch viele Vorgaben für den Natur- und Umweltschutz geben und das Projekt dennoch realisieren. Sind die gesellschaftlichen Folgen nicht genauso wichtig wie die ökologischen?

Warum bei der Stadtentwicklung nicht dafür sorgen, dass ein Teil davon in die örtliche Infrastruktur geht? In den Sport, in die Verkehrsentwicklung *und* den Umweltschutz.

Dafür muss man aber seine eigene Welt manchmal verlassen und sich auf eine neue Perspektive einlassen. Und das ist vor allem in der Kommunalpolitik extrem schwer.

11 Wenn es brenzlig wird …

>Love is a burning thing. And it makes a
fiery ring. Bound by wild desire. I fell
into a ring of fire.«

(Ring of fire, Johnny Cash, 1963)

Sicherheit. Es ist vermutlich eines unserer wichtigsten Bedürfnisse. Wir alle wollen behütet leben. Wollen Sicherheit für unsere Familie. Für unsere Kinder und Enkel. Freunde und Kolleg:innen. Interessanterweise denken die wenigsten von uns daran, dass ein wesentlicher Beitrag, wenn nicht sogar ein Garant, für unser Wohlbefinden aus dem Ehrenamt kommt. Und hierfür müssen wir uns nur einmal in unserer Nachbarschaft umschauen. Wahrscheinlich haben viele von uns sogar eine direkte Beziehung zu ihr. Ich spreche von der Freiwilligen Feuerwehr (FFW).

Wer in unserem Land in Not gerät, erhält über die Notrufnummer 112 schnell Hilfe. Egal ob es mal brennt oder man einen Unfall hat, der Rettungsdienst und die Feuerwehr sind meistens umgehend zur Stelle. Es gibt mit der sogenannten Hilfsfrist sogar eine gesetzliche Regelung, bis wann Rettungsdienst und Feuerwehr nach Eingang eines Notrufs am Ort des Geschehens sein müssen. Da der Rettungsdienst in Deutschland Ländersache ist, gibt es insgesamt 16 verschiedene Regelungen. Die Hilfsfrist ist je nach Landesteil und Besiedlungsdichte unterschiedlich und variiert aktuell zwischen acht und 15 Minuten. Um eine schnelle Hilfe gewährleisten zu können, braucht es landesweit ein dichtes Netz für Rettungsdienst und Feuerwehr.

Schauen wir uns die Feuerwehr doch einmal genauer an. Der Deutsche Feuerwehrverband[15] hat einige spannende Daten für uns parat:

Zum 31. Dezember 2020 gab es in ganz Deutschland 110 Berufs-feuerwehren. Dem gegenüber standen insgesamt 22.020 Freiwillige Feuerwehren. Ein beeindruckendes Verhältnis, oder? 99,50 Prozent der Feuerwehreinrichtungen (Berufsfeuerwehr und FFW ohne Werkfeuerwehren) sind ehrenamtlich betrieben. Allein in Köln gibt es 24 Feuerwachen und zwei Sondereinheiten der FFW.

Auf die 110 Berufsfeuerwehren entfallen 35.041 Personen. Zur FFW gehören landesweit 1.006.638 Personen. Der Vollständigkeit gibt es noch 270.291 Mitglieder bei den Jugendfeuerwehren und 33.451 Frauen und Männer bei den Werkfeuerwehren. In Summe gibt es also fast 1,35 Millionen Menschen, die für die Feuerwehr in Deutschland tätig sind und für unsere Sicherheit täglich arbeiten.

Ich finde es beeindruckend, wenn man erkennt, dass von den 1,35 Millionen Menschen rund 75 Prozent ehrenamtlich im Einsatz sind. Fast 1 Million Menschen engagieren sich in ihrer Freizeit für unsere Sicherheit. Und sie riskieren dabei ihre eigene Gesundheit und oftmals ihr Leben.

Das wird schnell klar, wenn man sich gesammelten Einsatzzahlen anschaut, die der Feuerwehrverband für das Jahr 2020 ebenfalls bereitstellt. 217.145 Brände und Explosionen, etwa 159 Katastrophenalarme und rund 606.000 Einsätze zur technischen Hilfestellung. Rund 2,3 Million Rettungseinsätze und rund 490.000 Krankentransporte. Da kommt viel zusammen.

Bei all diesen gefährlichen und wichtigen Einsätzen sind also mit großer Mehrheit Ehrenamtler im Einsatz. Und wenn das so ist, warum legen wir als Staat und Gesellschaft diesen Menschen so oft Steine in den Weg? Warum erhalten sie nicht die Unterstützung, die sie brauchen? Warum stolpern sie zu regelmäßig über Widerstände und kämpfen gegen Windmühlen an? Sollten wir in unserem Land nicht die besten Voraussetzungen für unsere »Freizeitretter« schaffen, wenn sie den größten Anteil an unserem Rettungsnetz ausmachen?

Die geneigten Leser:innen werden sich fragen: Ist das so? Steht es schlecht um die FFW? Gibt es diese Probleme wirklich? Meiner persönlichen Erfahrung nach ja.

Vor welchen Herausforderungen stehen die FFWs in Deutschland? Zunächst einmal ist der Dienst in der FFW wie gesagt ehrenamtlich. Er findet also in der Freizeit statt und es gibt grundsätzlich keine Bezahlung. Abgesehen von kleineren Prämien oder Aufwandsentschädigungen, zum Beispiel für Führungskräfte. Einsätze finden aber nicht immer in der Freizeit nach 18 Uhr statt. Natürlich nicht. Also müssen die Feuerwehrleute von der Arbeit oder ihrer Ausbildung beziehungsweise ihrem Studium in Richtung Einsatz aufbrechen. Auch wenn hierfür die Möglichkeit einer Freistellung besteht – welcher Arbeitgeber sieht auf Dauer gerne, dass seine Mitarbeiter:innen regelmäßig die Arbeit abbrechen müssen? Hinzu kommen natürlich die zahlreichen Übungen, damit für den Einsatz alles passt und die oft überlebenswichtigen Routinen stimmen.

Es gibt also eine Menge zu tun. Und wie bei anderen Ehrenämtern in anderen Vereinen von Karneval bis Sport fehlt es immer öfter an Mitgliedern. Der allgemeine Mitgliederschwund führt dazu, dass immer weniger Menschen mehr Aufgaben haben. Wenn man dann noch bedenkt, zu wie vielen Einsätzen es im Jahr kommt, wird schnell klar: Der Einsatz ist eben nicht einfach, viel zu oft eine körperliche und psychische Belastung und die Vereinbarkeit von Familie, Job und Ehrenamt ist oftmals eine Kunst. Man braucht schon verständnisvolle Lebenspartner, wenn man so häufig von zu Hause weg ist.

Zu diesen alltäglichen Sorgen kommt hinzu, dass den ehrenamtlichen Helden zu oft Steine in den Weg gelegt werden. Vielleicht sind es manchmal auch mehr Lawinen als einzelne Brocken, wie ich während meines eigenen Ehrenamtes erleben musste.

Ein Projekt, an das ich bis heute gerne zurückdenke, stammt noch aus meiner Anfangszeit in der Kommunalpolitik. 2008 wurden die SPD und ich von der Löschgruppe der FFW aus dem Stadtteil Brück angesprochen. Diese Gruppe ist eine der größten freiwilligen Einheiten in Köln und hatte ihren Standort mitten im Ortskern, in einem alten Hof aus dem späten 19. Jahrhundert.

Auch wenn dieser Standort bereits marode war, eng bebaut und zu wenig Platz für die rund 50 Feuerwehrfrauen und -männer sowie ihre Ausrüstung bot – insgesamt war die Löschgruppe mit der Lage der Feuerwache zufrieden. Das Grundstück gehörte aber nicht der Stadt Köln, sondern einer älteren Dame aus dem Ort. Leider kündigte die Eigentümerin den Mietvertrag und war trotz mehrmaliger Versuche der Verantwortlichen nicht weiter gesprächsbereit.

Da es innerhalb der Stadtverwaltung aber überhaupt keine Optionen für eine Lösung der Standortfrage gab und alle Gespräche mit den anderen Parteien ins Leere führten, landete der Hilferuf bei mir. Und das war erstaunlich. So standen viele Aktive der CDU näher als uns Sozialdemokraten.

In mehreren Gesprächen informierten sich der damalige SPD-Fraktionsvorsitzende in der Bezirksvertretung Kalk, Oliver Krems, und ich über die genaue Situation.

Der Frust innerhalb der Löschgruppe saß tief. Niemand wollte die Truppe anscheinend unterstützen. Abgesehen von den zahlreichen Rettungseinsätzen, die die Löschgruppe im Stadtteil und im rechtsrheinischen Köln zur Sicherheit der Menschen in unserer Stadt durchführte, war sie stets dabei, wenn es im Veedel darum ging zu helfen. Es gab kein Fest, bei dem die Kolleg:innen nicht mit anpackten.

Das ist übrigens keine Seltenheit. Überall in unserem Land sind die Freiwilligen Feuerwehren mitten in unserer Gesellschaft verankert. Sie unterstützen tatkräftig Veranstaltungen, helfen, wo der Schuh drückt. Sie sind schlicht nicht wegzudenken. Und wenn ich anfangs meinte, dass wir wahrscheinlich alle diese kleinen Helden in unserer Nachbarschaft kennen, ist oftmals das genau der Grund für die Hilfsbereitschaft. Die FFW gehört zu unserem Leben. Zu unserem Alltag. Egal ob in Köln-Brück, im Münsterland, in Bremen oder auch im Schwarzwald. Das ist überall so.

Die Freiwillige Feuerwehr leistet ihre Arbeit wie beschrieben in ihrer Freizeit und riskiert auch ihr Leben. Dass man in Brück allein gelassen wurde, war für sie ein schwerer Schlag. Viele dachten ans Aufhören, und eine Auflösung schien möglich. Für mich wurde die Unterstützung der ehrenamtlichen Löschgruppe zu einer Challenge.

Nachdem damals klar war, dass am alten Standort keine Möglichkeit zum Verbleib bestand, diskutierten wir Alternativen. Es standen mehrere städtische Grundstücke als Option in Brück bereit. Aber nur eines davon erfüllte überhaupt die Voraussetzungen. Es war zentral im Ortskern gelegen und hatte ausreichend Fläche zur Verfügung, um alle Fahrzeuge und Geräte gemeinsam unterzubringen – bis zu diesem Zeitpunkt waren sogar manche Fahrzeuge ausgegliedert, weil es am alten Gerätehaus nicht genug Platz gab. Das neue Grundstück bot die Möglichkeit, einen modernen Standort zu schaffen, der den Anforderungen der Freiwilligen Feuerwehr tatsächlich gerecht wurde. Denn das sollte aus meiner Sicht unser Ziel sein. Die bestmöglichen Voraussetzungen zu schaffen.

Alle anderen Grundstücke lagen zu weit draußen. Und das war das größte Problem. Die FFW arbeitet wie beschrieben ehrenamtlich. Das bedeutet, dass niemand auf der Wache auf den Einsatzbefehl wartet, sondern man von zu Hause, der Arbeit oder von wo auch immer herkommt, um in den Einsatz auszurücken. Auch das ist etwas, was überall im Land der Fall ist und was es heute häufig schwierig macht, ausreichend Personal zu finden.

Ein zentraler Standort im Dorf, der für alle gut und schnell erreichbar ist, wäre also perfekt. Nur dann könnten die Kolleg:innen auch in kurzer Zeit ausrücken.

Nach unseren Gesprächen gingen wir zeitnah mit einem Antrag in die Bezirksvertretung Kalk, um die Stadtverwaltung damit zu beauftragen, das ausgewählte Grundstück zur Verfügung zu stellen und einen neuen und modernen Standort für die Feuerwehr zu schaffen. Leider sah es die Mehrheit der Bezirksvertretung durch CDU und Grüne anders.

Wurmte es manche Kolleg:innen vielleicht, dass sich die Sozis um die Feuerwehr kümmerten, obwohl es nach ihrer Ansicht ihr ureigenes Terrain war? Keine Ahnung. Aber man hätte sich ja kümmern können und tat es nicht. Also haben wir den Job übernommen.

Auf Basis verschiedenster Argumente, unter anderem wollte man nicht den Rand einer Grünfläche bebauen, beschloss man einen Standort in Randlage des Stadtteils. Der Vollständigkeit halber sei erwähnt, dass das von uns vorgesehene Grundstück heute mit ziemlich teuren Einfamilienhäusern bebaut ist. Eine Bebauung mit politischer Unterstützung der meisten Parteien war dann doch möglich.

Die Entscheidung wurde im Kölner Stadtrat bestätigt. Kurz vor der Kommunalwahl 2009 war also eine schlechte Entscheidung für die Feuerwehr zementiert und keine der anderen Parteien war mehr gesprächsbereit. Dieser Standort war nicht akzeptabel und die Stimmung in der Truppe um ein Weiteres gesunken. Die Moral unserer Freizeitretter war am Boden. Und das zurecht. Sie mussten sich doch immer wieder die Frage stellen: Wir sind immer da. Wir schützen euch. Und nun, da wir euch brauchen, lasst ihr uns im Regen stehen?

Das Ganze geschah in einer Zeit, als die Löschgruppe wie viele andere Kölner Feuerwehrleute auf dem Zahnfleisch ging. Am 9. März 2009 kam es in Köln zum tragischen Einsturz des Stadtarchivs, bei dem zwei Menschen starben. Die Brücker Löschgruppe war eine der ersten am Einsatzort und unterstützte wie viele andere Feuerwehrleute wochenlang die Rettungs- und Aufräumarbeiten. Die Vorgänge rund um das eigene Gerätehaus müssen wie ein Schlag ins Gesicht gewesen sein.

Auch das ist mangelnde Wertschätzung. Darüber sollten wir alle nachdenken.

Mich ließ das Thema nicht los, und ich nahm es in mein persönliches Wahlprogramm für die Kommunalwahl 2009 auf, bei der ich das erste Mal für die Bezirksvertretung kandidierte. Ich nutzte die folgende Zeit für viele Gespräche mit dem damaligen Kölner

Stadtdirektor sowie der Löschgruppe, und wir arbeiteten fieberhaft daran, die Situation zu retten. Denn die Stimmung wurde nicht nur immer schlechter. Viele dachten aufgrund der Bedingungen ans Aufhören, was man auch in den Medien lesen konnte.

Wir stimmten damals ab, dass der Stadtdirektor persönlich mit der Eigentümerin des alten Standorts weitere Gespräche führte. Und urplötzlich, vielleicht war auch eine Menge Glück dabei, gab es doch Bewegung. Die Eigentümerin war auf einmal bereit, über einen Verkauf des Grundstücks zu sprechen.

Unsere Gespräche wurden im Hintergrund intensiviert und im Herbst hatten wir es endlich geschafft. Es gab grünes Licht. Zwischenzeitlich war auch die Kommunalwahl beendet und es galt nun, den alten Beschluss zu kassieren und einen neuen zu fassen.

Mir war aber klar, dass wir ein breites Bündnis brauchten und es nicht mit einer One-Man-Show oder Solo-Nummer der SPD laufen konnte. Mein Instinkt sagte mir, dass wir ein starkes Signal benötigten, damit alles weitere funktioniert und wir die alten Beschlüsse überstimmen und uns der Stadtrat folgen würde. Egal, wer die ganze Arbeit zuvor geleistet hatte.

Und so ging ich auf CDU und die Grünen zu, informierte sie über die neuen Gegebenheiten und versuchte, sie für einen neuen Vorstoß zu gewinnen. Zuerst zierten sich vor allem die Grünen. Doch am Ende hatten wir die Mehrheit für einen gemeinsamen Antrag zusammen und brachten ihn in der ersten Arbeitssitzung der neuen Periode kurz vor Jahresende 2009 ein.

Die Löschgruppe der Freiwilligen Feuerwehr hatte endlich ihre langersehnte Standortsicherung. Im Grunde war dieser neue/alte Standort sogar besser als unsere bisherige Alternative. Denn er war zentral gelegen und hatte sich bewährt. Er war allen bekannt, der Feuerwehr und der Bevölkerung. Nun ging es nur noch darum, diesen alten Hof aus dem 19. Jahrhundert im laufenden Betrieb in eine moderne Feuerwehrwache zu verwandeln.

Insgesamt investierte die Stadt Köln rund 1,4 Millionen Euro in den neuen Standort. Am Ende konnte 2016 endlich ein großes Einweihungsfest gefeiert werden.

Mein persönlicher Wermutstropfen in der gesamten Geschichte: Während ich damals gelaufen bin für die Löschgruppe, als kein anderer es wollte, gab es bei der Einweihungsfeier – wie so oft – kein Dankeschön, keine Berücksichtigung, nicht einmal eine kurze Erwähnung. Wäre etwas schiefgelaufen, wahrscheinlich schon. Ich gestehe, dass mich das bis heute wurmt. Im politischen Ehrenamt wird alles schnell zur Selbstverständlichkeit. Auch die fehlende Wertschätzung. Das hat auch bei mir immer wieder Spuren hinterlassen.

Entwickelt hat sich bei mir in dieser Zeit auf jeden Fall ein Faible für die Freiwillige Feuerwehr. Und ich weiß seit damals umso mehr zu schätzen, dass unsere Sicherheit keine Selbstverständlichkeit ist. Sie wird hart erarbeitet, von den »kleinen Helden« an der Basis der Demokratie. In ihrer Freizeit. Ehrenamtlich. Ohne Kohle.

Jetzt könnte man sagen, dass diese Episode vielleicht ein Einzelfall war. Ich selbst habe jedoch ein zweites Beispiel zu einer freiwilligen Löschgruppe, die ich in meiner Zeit als Bürgermeister begleitete.

Auch der Stadtteil Kalk hat seit einigen Jahren wieder eine Löschgruppe der Freiwilligen Feuerwehr. Da aus stadtentwicklungspolitischen Gründen der Standort der Berufsfeuerwehr im rechtsrheinischen Stadtteil Deutz aufgegeben werden musste, wurde dieser ins nahe gelegene Kalk verlegt. Der neue Standort war nur ein Steinwurf von der alten und maroden Wache entfernt, aber für die Berufsfeuerwehr war der Umzug ein Gewinn. Denn nun wurde eine größere und vor allem moderne Zentrale gebaut. Ein weiterer Gewinn: Es sollte eine Freiwillige Feuerwehr in Kalk mitbegründet werden. Eigentlich wiederbegründet, denn es gab schon im 19. Jahrhundert eine FFW. Traditionsreich war Kalk schon immer.

Am 19. November 2017 war es so weit, die neue Löschgruppe wurde ins Leben gerufen. Für die anfangs 25 Mitglieder gab es viel zu tun. Das Budget war äußerst knapp. Fahrzeuge gab es noch keine und ein eigenes Gerätehaus, welches im neuen Kalker Feuerwehrzentrum entstehen sollte, auch noch nicht.

Die betrieblichen Voraussetzungen waren natürlich ein Problem. Im Grunde hatte man damals eine neue Löschgruppe eingerichtet, es aber versäumt, ihnen alles Notwendige für den Betrieb und Einsatz mit auf den Weg zu geben. Als Bezirk unterstützten wir sie mit einigen Fördermitteln, wo es ging. Aber der fehlende Standort und die fehlenden Geräte erschwerten die Arbeit enorm. Wie sollten die Feuerwehrleute die notwendigen Übungen und Scheine absolvieren, um die Voraussetzungen für den Einsatz zu erfüllen?

Was von der Stadtverwaltung nicht an die Hand gegeben wurde, besorgen sich die Ehrenamtler selbst. Sie beschafften sich Räumlichkeiten in einer anderen Hauptfeuerwache in Köln-Weidenpesch. Die Kölner Leser:innen wissen: Das ist nicht gerade um die Ecke, sondern ein gutes Stück entfernt. Allerdings waren die Räumlichkeiten in der Weidenpescher Wache sehr eng und überhaupt nicht als Umkleiden und Lagerräume für die Kalker ausgelegt.

Das bedeutete, dass die Löschgruppe für Übungen oder Einsätze zunächst irgendwie auf die andere Seite der Stadt kommen musste, sich dort fertigmachen und dann weiterziehen konnte. Und das am Ende natürlich wieder zurück. Was für Übungen irgendwie geht, ist für Einsätze schwierig. Auch ein Fahrzeug durfte man sich selbst beschaffen!

Aller Anfang ist schwer, und natürlich brauchen manche Dinge auch eine gewisse Zeit. Dass nicht alles sofort rund läuft und an Ausstattung vorhanden ist, ist auch klar. Dass sich der Bau eines Gerätehauses aus welchen Gründen auch immer verzögern kann, kommt immer wieder vor. Von daher möchte ich diese Anfangssituation gar nicht dramatisieren. Die Löschgruppe machte das Beste draus und konnte erste Einsätze erfolgreich meistern.

Aber die Verzögerungen gingen weiter.

Der Einzug in das neue Kalker Feuerwehrzentrum war für Sommer 2019 geplant. Aus den Gesprächen mit der Löschgruppe konnte ich erfahren, dass dieser Zeitpunkt vor dem Hintergrund des Baufortschritts mit äußerster Vorsicht zu genießen war. Zwischenzeitlich hatte die Löschgruppe Räumlichkeiten der alten Chemischen Fabrik in Kalk gefunden. Passenderweise dort, wo früher die Werksfeuerwehr der alten Fabrik ein Lager hatte. Nur: Gebäude sollte in wenigen Wochen abgerissen werden, und der Neubau war noch nicht in Reichweite.

Dieses Szenario kam mir bekannt vor. Und wieder einmal kommt es knüppeldick.

Im Rahmen der Jahreshauptversammlung der Löschgruppe Mitte März 2019 übte ich daher scharfe Kritik an der Feuerwehrverwaltung und forderte die Stadt auf, alles Notwendige dafür zu tun, um die Kalker Feuerwehrleute zu unterstützen. Denn wenn die Verwaltung nicht richtig arbeitet, leiden am Ende die Ehrenämtler – Menschen, die zu diesem Zeitpunkt fast 50 Einsätze auf dem Buckel hatte. Für Kalk und die umliegenden Stadtteile. Für mich war wichtig, dass die Löschgruppe nicht ihren Dienst unterbrechen oder einstellen würde. Wer wusste, wann das neue Zentrum endlich bezugsfertig würde? Ein solcher Stillstand ging nicht ohne Verluste. Die Geschichte war kurz davor, gegen die Wand zu fahren.

Wenige Tage später tagte turnusgemäß die Bezirksvertretung Kalk und ich initiierte eine Dringlichkeitsentscheidung des Bezirksparlaments. Damit die Kalker Löschgruppe nicht erneut ohne Standort dastehen musste, beschlossen wir ein Moratorium für den Abriss, sodass ein Umzug nahtlos erfolgen konnte. Regelmäßige Sachstandsberichte sollten uns über die Entwicklung auf dem Laufenden halten.

Der Umzug konnte glücklicherweise erfolgen. Aber die Schwierigkeiten blieben. Ich hatte ja bereits berichtet, dass man sich in der Anfangszeit bereits ein Fahrzeug beschaffen konnte. Es hatte bereits 24 Jahre auf dem Buckel und war dementsprechend nicht mehr auf dem neuesten Stand der Technik, und naturgemäß sind alte Fahrzeuge auch fehleranfälliger. Meinem alten Bezirksparlament wurde im Sommer 2020 mitgeteilt, dass eine moderne Fahrzeugausstattung für die Kalker Löschgruppe in Planung sei. So war sogar vorgesehen, dass die Kalker Freiwillige Feuerwehr – die mittlerweile eine Mitgliederzahl von rund 50 vorweisen konnte – ein spezielles Fahrzeug für Katastropheneinsätze erhält – eine besondere On-top-Spezialaufgabe für die FFW, die auch nur eine so große und mitgliederstarke Einheit wie Kalk leisten könnte.

Doch plötzlich gab es aufgrund eines Ratsbeschlusses ein ganz neues Szenario. Das moderne Spezialfahrzeug wurde – obwohl die Auslieferung in Gange war und die Ausbildung daran schon lief – in einen linksrheinischen Stadtteil verlegt. Die Kalker sollten sich weiterhin mit einem »alten Knochen« begnügen.

Da war anscheinend die politische Lobby in einem anderen Teil der Stadt stärker als im sozial schwächeren Kalk. Man sprach von politischer Einflussnahme einzelner Ratsmitglieder zulasten Kalks. Dass manche Quartiere in einer Stadt eine stärkere Lobby haben als andere, macht sich in solchen Entscheidungen leider bemerkbar. Etwas, das ich in meiner kommunalpolitischen Zeit häufig wahrnehmen musste. Fairerweise muss man sagen, dass man aus der Feuerwehrverwaltung auch Kritik an diesem Vorgehen übte. Dennoch: Das Fahrzeug war erst mal weg und kam zu einer kleineren Löschgruppe als Kalk.

In alter Tradition setzte sich die Bezirksvertretung Kalk mit einem gemeinsamen Antrag von SPD und CDU für die Freiwillige Feuerwehr Kalk ein und forderten nicht nur ein transparentes Verfahren, sondern auch eine geeignete und moderne Ausstattung der Kalker Löschgruppe. Die Debatte war hitzig. Parteiübergreifend waren die Mitglieder des Bezirksparlaments empört über diese parteipolitische Einflussnahme. Was daraus wird? Wird sich zeigen.

Am Ende war immer ein großer Einsatz nötig, um Selbstverständlichkeiten zu erreichen. Ich hatte das Gefühl, dass der Stellenwert des politischen Ehrenamts bei den Entscheidungsträgern nicht immer richtig gesetzt war. So frustriert man die Menschen, die man eigentlich motivieren und unterstützen müsste. Und dass die Betroffenen auch das Vertrauen in Politik verlieren, ist ihnen kaum zu verdenken.

Diese Beispiele sind aber auch erschreckend. Wir legen als Staat unsere Sicherheit und unser Wohlbefinden in die Hand von Ehrenamtler:innen. Und dabei lassen wir sie häufig im Regen stehen. Ich bin davon überzeugt, dass wir, wenn die Balance für diese Menschen irgendwann nicht mehr stimmt, dafür die Rechnung präsentiert bekommen werden.

Manchmal sind es nicht die großen Standortfragen oder Ausstattungsprobleme, die die Mitglieder der Feuerwehr vor Ort beschäftigen. Es gibt andere Sorgen, die am Ende dazu führen, dass man mit dem Ehrenamt aufhört oder, wie in dem folgenden Fall, einfach Aktionen nicht mehr unterstützt. Ich schrieb ja bereits, dass viele Freiwillige Feuerwehren in Deutschland aus dem gesellschaftlichen Leben nicht mehr wegzudenken sind. Das war und ist auch bei der von mir bereits umschriebenen FFW Brück der Fall. Viele Jahre lang gab es eine Tradition, dass die FFW gemeinsam mit der SPD und dem örtlichen Bürgerverein am 30. April den Maibaum mit einem kleinen Fest aufstellt.

Wir hatten viel Spaß und die Gelegenheit, alle im Stadtteil zusammenzubringen. Die FFW fällte den Baum im Wald und stellte ihn auf. Die Kinder aus dem Stadtteil schmückten den festlichen Maibaum. Die SPD sorgte für kühle Getränke, und nicht selten gab es ein musikalisches Rahmenprogramm. Viele Jahre lief alles gut, bis sich irgendwann ein Feuerwehrmann verletzte. Nicht dramatisch, aber es war auch keine Kleinigkeit. Leider folgten Versicherungsprobleme. Es war kein offizieller Einsatz oder eine Übung. Von außen betrachtet, war die Geschichte nicht nachvollziehbar. Das Ergebnis war jedoch, dass der Maibaum nicht mehr von der FFW mitaufgestellt wurde und die Löschgruppe nicht mehr Teil der Tradition war.

Hätte man so etwas nicht besser lösen können? Am Ende passt diese Geschichte aber zu den Wünschen und Forderungen der Feuerwehrleute aus der MDR-Umfrage. Mehr Anerkennung und finanzielle Unterstützung für das gesellschaftliche Engagement. Dann muss es eben auch für so einen Versicherungsfall die passende Unterstützung und Lösung geben.

Jetzt könnte man sagen, da läuft was falsch in Köln-Kalk. Das war nicht optimal. Aber warum soll es überall so sein? Man kann doch nicht alles pauschalisieren.

Berechtigte Einwände. Jedoch sind meine persönlichen Erinnerungen keine Einzelfälle. Wer tiefer in die Thematik einsteigt, wird feststellen, dass vergleichbare Probleme bei der FFW häufiger vorkommen.

Beispielsweise lohnt ein Blick in Richtung des Satiremagazins Extra3 des NDR. In der Sendung[16] vom 6. Oktober 2021 wurde schonungslos verdeutlicht, wie problematisch die Situation in so manchen freiwilligen Feuerwehrwachen der Republik ist:

Wenn man sich auf der Zunge zergehen lässt, dass die Kolleg:innen der FFW im hessischen Weißenborn aufgrund der 30 Jahre alten Fahrzeugtechnik ihren Wagen nur umständlich gestartet bekommen und die Hilfsfrist somit nicht oder nur ansatzweise einhalten können und bei der Brandbekämpfung noch einmal zurückfahren müssen, um Wasser zu tanken, weil der Fahrzeugtank zu gering bemessen ist – tja, dann bleibt man schon irgendwie fassungslos zurück.

Sankt Goarshausen ist ein anderes Beispiel aus Rheinland-Pfalz, das mich sehr an Kalk erinnert. Die Räumlichkeiten sind so dermaßen eng ausgelegt, dass praktisch alle Kolleg:innen aufeinanderliegen müssen, um sich für den Einsatz umzuziehen. Abgesehen davon, dass es keine Duschen im Gerätehaus gibt. Aber wer braucht schon anständige Waschräume?

Pingelshagen in Mecklenburg-Vorpommern ist vielleicht das extremste Beispiel zur Personalsituation auf dem Land:

Es brennt. Der Notruf kommt ein. Und am Ende kommt ein einzelner Kollege vorbei, um sich ein Bild der Lage zu machen.

Ein Einsatz ist nicht möglich, da alle Kolleg:innen erst nach Feierabend kommen können. Damit das klar ist: Das ist keine Kritik an der FFW. Sie tut, was sie kann. Die Mitglieder haben ein Leben und geregelte Jobs. Aber das System krankt an dieser Stelle. Hier muss der Staat mehr unterstützen und übernehmen.

Den Ford Transit als Einsatzfahrzeug der FFW Raitzen in Sachsen mit dem Baujahr 1969 möchte ich der Vollständigkeit erwähnen. 1969. Nicht 1996.

Wem die pointierte Berichterstattung des NDR nicht ausreicht, der findet mit ein bisschen Eigenrecherche noch weitere Beispiele. Ich kann zum Beispiel den Podcast Brandpunkt[17] eines Feuerwehrmannes empfehlen, der sich mit einer Umfrage des Feuerwehrmagazins beschäftigt. Bei dieser Befragung konnten von Mitgliedern der FFW die größten Sorgen benannt werden. Und eines der wichtigsten Probleme, das wiederholt angesprochen wurde, ist die finanzielle Ausstattung ihrer Löschgruppe. Man wünscht sich ausreichend Finanzmittel für moderne und funktionierende Fahrzeuge sowie für Schutzausrüstung. Man wünscht sich technisch und räumlich gut ausgestattete Feuerwachen und notwendige Sanierungen, wenn sie erforderlich sind. Eigentlich Selbstverständlichkeiten, oder?

Auch der MDR[18] hat die Sorgen und Wünsche der Feuerwehrleute in den Fokus genommen. An einer Befragung haben sich rund 20.000 Kolleg:innen aus Mitteldeutschland beteiligt, so dass wir den Ergebnissen, wenngleich sie nach Aussage des MDR nicht repräsentativ sind, dennoch eine große Qualität beimessen können.

Fast 80 Prozent der Befragten haben einen großen Wunsch: Sie fordern mehr Anerkennung für ihre Leistung. Schon viel habe ich als Außenstehender über das Risiko der FFW im Einsatz gesprochen. Es ist eine lebensgefährliche Arbeit. Und ich kann mir – nicht nur wegen der bereits zitierten Beispiele – gut vorstellen, wie wenig Anerkennung tatsächlich im Alltag erfolgt. Oftmals wissen viele Mitbürger:innen nicht einmal, was überhaupt durch die FFW alles geleistet wird. Welche Feuerwehrleute hauptamtlich oder ehrenamtlich im Einsatz sind. Wie sollen dann Anerkennung und Wertschätzung folgen, die so wichtig für die Moral sind? Und hier sprechen wir noch nicht über die vielen tätlichen Angriffe auf Helferinnen und Helfer. Das wär noch einmal ein ganz eigenes Kapitel über die Verrohung der Gesellschaft, die dem Ehrenamt ebenfalls zusetzt.

Rund 72 Prozent fordern auch mehr finanzielle Unterstützung für die ehrenamtlichen Feuerwehrleute. Zum Beispiel über Steuererleichterungen, zusätzliche Rentenpunkte oder Ermäßigungen im öffentlichen Leben. Auch zusätzliche Urlaubstage sind für rund 46 Prozent ein Wunsch, oder auch Unterstützung zum Beispiel bei der Vergabe von Kita-Plätzen (36 Prozent). Es werden also Anreize vermisst, die das anstrengende und doch so wichtige Engagement attraktiv halten. Damit der allgemeine Mitgliederschwund gebrochen werden kann.

Klar: Geld fehlt an allen Ecken und Enden. Aber wenn ich anfange, bei der Sicherheit zu streichen, ist das Fiasko am Ende vorprogrammiert. Das Extrembeispiel Pingelshagen sollte eine Ausnahme sein. Das möchte ich mir in der Breite gar nicht vorstellen müssen. Meine Heimatstadt Köln ist mit zehn hauptamtlichen Feuerwehrwachen und den 24 Standorten der Freiwilligen Feuerwehr – abgesehen von den von mir skizzierten Problemen – sicherlich in Summe gut aufgestellt. Aber ist das im Rest des Landes auch so? Insbesondere auf dem Land? Wie hoch ist der Preis?

Insbesondere hinsichtlich des ländlichen Raums muss man sich fragen, ob anstelle einer Freizeitfeuerwehr nicht sogar eine Teilzeitfeuerwehr mit einer bezahlten Bereitschaft besser geeignet wäre. Und dort, wo es notwendig ist und eine ehrenamtliche beziehungsweise teilehrenamtliche Struktur gar nicht mehr ausreicht, müssen mehr hauptamtliche Einrichtungen geschaffen werden. Ich bin davon überzeugt, dass man nicht umhinkommen wird, sich intensiver hiermit auseinanderzusetzen.

Es sind also keine Einzelfälle und immer wieder müssen wir feststellen, dass Staat und Gesellschaft aus meiner Sicht darin versagen, die bestmöglichen Voraussetzungen zu schaffen, damit ehrenamtliche Rettungskräfte optimal unsere Sicherheit gewähren können. Und die Lösung hierfür ist am Ende fast zu einfach: Die notwendigen Finanzmittel für Ausstattung und Bezahlung müssen bereitgestellt werden. Und es muss alles dafür getan werden, dass solche ehrenamtlichen Helden stärker für ihren Einsatz gewürdigt werden. Hierfür muss man Entscheidungen treffen und Verantwortung übernehmen.

Am Ende bleibt: Sicherheit ist eines unserer höchsten Güter. Der Staat sollte dafür Sorge tragen, dass die Kolleg:innen, die sich täglich für uns in Gefahr begeben und alles für uns tun, auch optimale Verhältnisse erhalten. Das ist das Mindeste, was wir leisten können. Und hierfür muss die Politik die Verantwortung übernehmen und die richtigen Weichen stellen. Die Freiwillige Feuerwehr vertraut der Politik. Dieses Vertrauen darf nicht enttäuscht werden, denn so leicht baut man es nicht mehr auf. Sie ist für uns da, wenn's brenzlig wird.

12 Im Fadenkreuz

»I'm in love for the first time. Don't you
know it's gonna last. It's a love that
lasts forever. It's a love that had no
past. Don't let me down…«

(Don't let me down, The Beatles, 1960)

Für dieses Kapitel, das mir sehr wichtig ist, müssen wir einmal über Kalk und Köln hinausblicken. Alle erinnern sich sicher noch an die überwältigenden Bilder der Flutkatastrophe vom Juli 2021. Die Konsequenzen des Klimawandels haben der Öffentlichkeit in erschreckender Weise bewusst gemacht, dass diese Folgen auch jederzeit uns treffen können. Allein in Deutschland sind 184 Menschen (Stand Oktober 2021) gestorben.

Die Todesopfer waren die eine tragische Folge der Flut. Die teils komplett zerstörte Infrastruktur von ganzen Dörfern und Gemeinden, Bahnstrecken und Straßen sowie die Gas-, Strom- und Wasserversorgung die andere. Viele Menschen stehen noch heute vor dem Nichts. Wie hoch die Schäden tatsächlich sind, ist schwer zu beziffern. Eine Annäherung bietet aber der Gesamtverband der Deutschen Versicherer[19] mit einer Gesamtschadenssumme in Höhe von 4,5 bis 5,5 Milliarden Euro. Nur für Deutschland. Eindrucksvoller als diese Zahlen sind sicherlich nur noch die schrecklichen Bilder aus dem Katastrophengebiet.

Eine große Hilfe für die Menschen vor Ort waren die ehrenamtlichen Helfer des Technischen Hilfswerks (THW). Das THW ist zwar eine Bundesanstalt für den Katastrophenschutz, wird jedoch zu einem großen Anteil von einer ehrenamtlichen Struktur getragen. Insgesamt sind nach Angaben des THW rund 80.000 freiwillige Helfer im Einsatz.

Die Flutkatastrophe vom Juli 2021 war nach eigenen Angaben der größte Einsatz des THW in seiner Geschichte. Fast 15.000 Ehrenamtler waren im Katastrophengebiet im Einsatz, um den Opfern wochenlang zu helfen und Wiederaufbau zu leisten.

Die meisten Menschen und vor allem die Betroffenen werden ihren Helden zutiefst dankbar sein. Aber es gibt auch eine Kehrseite der Medaille, die mich als Gläubiger des Ehrenamts schockiert zurücklasst.

Ende Juli 2021 berichtete unter anderem die Tagesschau[20] von Angriffen auf die Helfer des THW. So waren sie nicht nur Beschimpfungen ausgesetzt, sondern auch tätlichen Angriffen. So wurde das THW nach Aussage ihrer Vize-Präsidentin, Sabine Lackner, unter anderem mit Abfall beworfen. Damit aber nicht genug. Helfer wurden im Einsatz in der Art gefilmt und fotografiert, dass es als bedrohlich empfunden wurde, wie auch die Zeit[21] berichtete.

Wie kommt man dazu, Helfer in einem Katastrophengebiet – welches an ein Kriegsgebiet im Ausnahmezustand erinnert – zu bedrohen? Diese Helfer mit Abfall zu bewerfen?

Wer sind diese Menschen, die jeglichen Respekt vor anderen vermissen lassen? Wer sind diese Personen, die den Einsatz für Opfer beeinträchtigen, ja sogar gefährden?

Nach ersten Erkenntnissen der Medien vermutlich Querdenker:innen und andere Verschwörungstheoretiker:innen. Was in ihren Köpfen vorgeht, mag ich mir gar nicht vorstellen.

Aber das THW ist nicht der einzige Dienst in unserem Land, der sich Bedrohungen ausgesetzt sieht: Rettungsdienst, Feuerwehr, Polizei haben das gleiche Problem.

Die polizeiliche Kriminalstatistik erfasst seit 2011 separat Straftaten gegen Rettungskräfte von Feuerwehr und Rettungsdienst. Das Feuerwehrmagazin fasst die Entwicklung in einem Artikel[22] vom 10. Dezember 2020 in eindrücklicher Weise zusammen. So hat sich die Anzahl an körperlichen Übergriffen auf Rettungskräfte von 2011 (1.146) bis 2017 um rund 86 Prozent auf insgesamt 2.136 Übergriffe erhöht.

Über 2.000 Übergriffe in Deutschland auf Rettungskräfte. Menschen, die teilweise ihr Leben riskieren, um anderen Menschen in Not zu helfen.

Seit 2017 gehen die Fallzahlen wenigstens wieder zurück. So wurden von der Polizeistatistik 2019 »nur« noch 1.521 Fälle registriert. Doch der Schein trügt. Die Kriminologen der Ruhr-Universität Bochum befragten im Jahr 2017 über 4.000 Feuerwehr- und Rettungsdienstkräfte aus Nordrhein-Westfalen. Ehrenamtler wie Hauptamtliche. Am Ende beteiligten sich 812 Kolleg:innen und beantworteten Fragen zu ihren Gewalterfahrungen.

Das Ergebnis des im Januar 2018 veröffentlichten Abschlussberichts der Studie[23]: 92 Prozent der Rettungskräfte berichteten von verbalen Übergriffen. Mit 26 Prozent wurde jede vierte Rettungskraft Opfer eines gewalttätigen Übergriffes. Eine weitere Erkenntnis ist, dass rund 80 Prozent verbale und gewalttätige Angriffe auf ihre Person gar nicht melden.

Das bedeutet, dass es eine sehr hohe Dunkelziffer geben muss, die nicht in der oben genannten Polizeistatistik offiziell erfasst wird. Und untersucht wurde von der Ruhr-Uni allein Nordrhein-Westfalen. Wie sieht die Situation in den anderen Bundesländern aus? Nicht besser.

Das Deutsche Rote Kreuz (DRK) hat Anfang 2021 eine Studie[24] veröffentlicht, die ebenfalls Angriffe auf den Rettungsdienst in Deutschland untersucht hat. Hierbei wurden bundesweit DRK-Mitarbeiter befragt, von denen sich 425 beteiligten. Rund 44 Prozent der Rettungskräfte berichteten davon, dass sie ein bis zwei Mal im Monat verbal angegriffen werden. 12,5 Prozent sogar ein bis zwei Mal pro Woche.

Der Anteil an körperlicher Gewalt liegt gemäß der DRK-Studie glücklicherweise deutlich niedriger als die verbalen Angriffe. Dennoch ist es aus meiner Sicht nicht akzeptabel, dass fast 12 Prozent der Befragten ein bis zwei Mal im Monat einen körperlichen Angriff erfahren.

Die vorgelegten Fakten bestätigen das bestehende Gefühl, wenn man in die Medien blickt und sich einmal intensiver mit dem Thema beschäftigt. Verbale und körperliche Angriffe auf Rettungskräfte nehmen zu und sind alltäglich geworden. Sie sind keine Einzelfälle und ein ständiger Begleiter geworden.

Wo Sicherheit fehlt, da fehlt bald auch das Personal, um Hilfe zu gewährleisten. So hart es für die Rettungssanitäter:innen, THW-Mitarbeiter:innen und Feuerwehrleute heute ist, so hart wird es uns treffen, wenn wir uns als Gesellschaft nicht gegen eine solche Entwicklung stellen. Denn irgendwann werden immer mehr an den Punkt kommen und die Entscheidung gegen ihren Job oder ihr Ehrenamt treffen. Dann sind leer stehende Intensivpflegebetten wie im Winter 2021/2022 nur ein Beispiel. Nicht besetzte Rettungs- oder Feuerwehrwagen werden folgen.

Um es einmal deutlich zu sagen: Rettungskräfte anzugreifen, ist meiner Meinung nach das allerletzte. So etwas gehört verachtet. Dafür darf es kein Verständnis geben. Keine Entschuldigung.

Um Rettungskräfte stärker unterstützen zu können, ist natürlich auch wichtig, dass sie den Mut haben, diese Angriffe zu melden, sodass auch der Rechtsstaat konsequent durchgreifen und bestrafen kann. Vielleicht braucht es auch härtere Strafen. Mindestens aber eine konsequente Umsetzung des bestehenden Rechtsrahmens. Die Dunkelziffer bei den zuvor genannten Studien zeigt, dass noch zu wenige konsequent um Hilfe rufen und diese Angriffe auch anzeigen. Denn nur dann kann auch wirksam etwas passieren. Und wenn es die Öffentlichkeit ist, die ein solch wichtiges Thema braucht.

Ich persönlich habe während meines ehrenamtlichen Schaffens Glück gehabt. Ich habe mir Gedanken um meine Sicherheit gemacht. Klar. In der Hochzeit der Auseinandersetzungen rund um das AZ in Kalk, welche ich bereits in Kapitel 5 beschrieben habe, ging es hoch her. Da wurden auch Ratsmitglieder und wir aus den Bezirken in den Fokus genommen. Aber abgesehen von der sehr heiklen Erfahrung während der Demonstration und einer für mich sehr konkreten und direkten Bedrohungslage, bin ich durch mein ganzes Engagement ohne Schaden hindurch gekommen.

Und doch hat mich die Erfahrung beim AZ Kalk damals getroffen und bis heute geprägt. Im Grunde fühlte ich mich sehr hilflos. Man muss sich vorstellen, dass wir damals in einem engen Häuserblock standen. Überall war Polizei. Nur nicht bei mir. Ich stand an einem kleinen Kiosk und unterhielt mich lange mit dem Inhaber über die Lage und die Hoffnung, dass sich alles auflösen möge. Und warum auch immer, dachte eben eine Gruppe von jungen Männern, dass ich vermutlich ein Polizist in Zivil sei. Sie scharten sich um mich, warfen mit provokanten Sprüchen um mich. Ich fühlte mich sehr eingeengt und machte mir ziemliche Sorgen. Der Kioskbesitzer und ich merkten, dass sie mich aufs Korn nahmen, und er wollte mich in seinen kleinen Laden holen. Die Polizei war nicht in Reichweite. Sollte was passieren, würde das erst mal kaum auffallen. Am Ende nutzte ich eine Gelegenheit der Unaufmerksamkeit, verschwand in der Menge und flüchtete ins benachbarte Bezirksrathaus.

So konnte ich mich der Situation und einem möglichen Unglück entziehen. Glücklicherweise. Ich bin heute sehr dankbar, dass meiner Familie und mir nie etwas passiert ist.

Aber da gibt es ganz andere Erfahrungen von ehrenamtlichen Kommunalpolitiker:innen. Oder auch Berufspolitiker:innen.

Ein besonders schlimmes und trauriges Beispiel ist sicherlich der Mord am früheren Kasseler Regierungspräsidenten Walter Lübcke. Lübcke (CDU) wurde Anfang Juni 2019 vor seinem Haus mit einem Kopfschuss regelrecht hingerichtet, weil sein Mörder ihn wegen seiner Haltung zur Flüchtlingspolitik ins Fadenkreuz genommen hat.

Anfang Dezember wurde bekannt, dass es Mordpläne gegen den sächsischen Ministerpräsidenten Michael Kretschmer (CDU) gab – oder gibt. Wer weiß das schon so genau?

Ein weiterer schlimmer Versuch der Einschüchterung ist das Beispiel der sächsischen Gesundheitsministerin Petra Köpping (SPD) Ende 2021 gewesen. An einem Freitagabend Anfang Dezember ist eine Gruppe von rund 30 Personen mit Fackeln und

Plakaten vor das private Haus der Gesundheitsministerin gezogen und hat lautstark gegen eine vermeintliche Demonstration Stimmung gemacht.

Ein prominentes Beispiel findet sich leider auch in meiner Heimatstadt Köln. Am Vortag der Oberbürgermeister:in-Wahl 2015 wurde Henriette Reker an einem Wahlkampfstand mit einem Messer angegriffen und schwer verletzt. Dass Henriette Reker diesen Angriff – bei dem auch noch weitere ehrenamtliche Wahlkämpfer verletzt wurden – überlebte und heute unsere Oberbürgermeisterin ist, hat viel mit Glück zu tun. Wie bei Walter Lübcke waren die Motive des Täters fremdenfeindlich und rechtsextrem geleitet. Die Kritik an der Flüchtlingspolitik – welche man ja sachlich führen kann – endete in Gewalt. In einem knapp gescheiterten Mordversuch.

Lübcke. Kretschmer. Köpping. Reker. Ein fatales Signal geht von diesen traurigen Beispielen aus. Wer ist denn noch bereit, diese wichtigen Ämter der Republik zu übernehmen, wenn diese Gefahr droht? Wer ist bereit, Stellung zu beziehen? Eine kontroverse Meinung zu vertreten?

Die Radikalisierung in unserer Gesellschaft. Die Verrohung von immer größer werdenden Gruppen in unserem Land wird einen schwerwiegenden Preis haben. Die Bereitschaft der Menschen für das Ehrenamt und wichtige politische Positionen wird abnehmen. Immer mehr gute Persönlichkeiten werden nicht mehr zur Wahl stehen. Das bedeutet für die Qualität in der Politik nichts Gutes.

Doch es sind nicht nur die großen und prominenten Beispiele in der Politik. Leider sind es viel zu oft auch die kleinen Helden unserer Gesellschaft. Meine Kolleg:innen aus der Kommunalpolitik.

Markus Nierth ist einer dieser Ehrenamtler. Er war von 2009 bis 2015 ehrenamtlicher Bürgermeister (parteilos) der Gemeinde Tröglitz in Sachsen-Anhalt. Auch bei Nierth war es der Einsatz für die Flüchtlinge in unserem Land. Er setzte sich für die Unterbringung von geflüchteten Menschen in seiner Gemeinde ein, um ihnen ein sicheres Zuhause zu bieten. 40 Menschen, die ihre Heimat in Angst verlassen mussten. Angst blieb. Und Hass, der in Gewalt mündete. Denn die Flüchtlingsunterkunft wurde angezündet. Fremdenfeindliche Bürger und Nazis bedrohten den Bürgermeister und seine Familie. Das Ergebnis war der politische Rückzug von Markus Nierth. Zum Schutz seiner Familie und seines eigenen Lebens. Und dennoch: In einem Artikel in Der Zeit vom 18. Januar 2019 kann man nachlesen, dass die Familie auch damals noch sozialen wie wirtschaftlichen Schaden erlitt.

Mir geht diese Geschichte persönlich sehr nahe. Denn ich erinnere mich nur zu gut an meinen eigenen schweren Stand beim Einsatz für geflüchtete Menschen. An die Abneigung, die ich mir gegenüber empfand. An die Enttäuschung, die ich spürte, gegenüber Menschen, die ich seit Jahren kannte.

Gleicher Hintergrund. Gleiche Bedrohungslage. Gleiches Schicksal. Auch der ehemalige Landrat des hessischen Main-Kinzig-Kreises, Erich Pipa (SPD), hat sich für die Aufnahme von Geflüchteten eingesetzt. Aufgrund zahlreicher Drohung und Gewaltaufrufe von Rechtsextremen kandidierte er 2017 nicht erneut für sein Amt und zog sich zurück. Wie bei Nierth hörte es damit nicht auf. Auch nach seinem Rückzug erhielt er weitere Schreiben.

Silvia Kugelmann (parteilos) war bis 2020 Bürgermeisterin von Kutzenhausen im Landkreis Augsburg. Auch Kugelmann wurde ihr Engagement für Geflüchtete zum politischen Verhängnis. Anonyme Hassbriefe. Sachbeschädigung. Gefährliche Beschädigungen an ihrem Auto. Eine erneute Kandidatur für ihre parteiunabhängige Wahlinitiative schloss sie aus. Politisches Engagement wurde erneut erstickt.

Der Bocholter Kommunalpolitiker Thomas Purwin (SPD) aus NRW trat 2016 von seinen Ämtern zurück und verließ die Kommunalpolitik. Purwin und seine Familie wurden verstärkt Opfer von Hassmails mit fremdenfeindlichem Charakter. Ein 35-Jähriger muss sich zum Schutz seiner Familie von seinen Ehrenämtern im Einsatz für die Gesellschaft zurückziehen. Es ist ein Armutszeugnis.

2016 geriet Martina Angermann ins Fadenkreuz. Weil sie konsequent Stellung gegen Hass und Rechtsextremismus bezogen

hat. Die frühere Bürgermeisterin (SPD) des sächsischen Arns-
dorf verurteilt damals eine grauenvolle Tat: Vier Männer hatten
einen jungen Iraker mit Kabelbindern an einen Baum gefesselt.
Sie stellt sich gegen diese Abscheulichkeit. Sie erntet Hass. Die
AfD versucht, ihre Abwahl zu erreichen. Sie erhält Hassmails und
wird enorm angefeindet. Sie bricht zusammen. Am Ende muss
sie sich aus gesundheitlichen Gründen zurückziehen. Es geht
nicht weiter.

Ebenfalls Konsequenzen aus massiven Drohungen gegen sich
selbst und vor allem gegen seine Familie zog der frühere Bürgermeister des nordrhein-westfälischen Kerpens, Dieter Spürck
(CDU). Als Vater wird mir schlecht, wenn ich lesen muss, jemand
drohte, dass seine »Kinder es spüren« würden. Ich habe bisher
viele Beispiele zitiert, deren Bedrohungslage aus dem rechten Milieu stammen. In Spürcks Fall ging es darum, dass er sich intensiver für den Hambacher Forst einsetzen sollte. Und wenn nicht?
Sterben seine Kinder? Als politisch linkem Menschen geht mir
eine solche Anfeindung besonders nah. So etwas ist nicht links.
Aber um das Bild abzurunden: Auch von Gegnern der Flüchtlingspolitik wurde Spürck angegangen. Spürck trat bei der Kommunalwahl 2020 nicht mehr an.

All diese Fälle sind öffentlich nachlesbar. Und sie sind nur einzelne Beispiele. Die großen und bekannten wie auch die kleineren
Vorfälle. Es gibt so viel mehr. Man muss nur nach ihnen suchen.
Es gibt sie in nahezu allen Bereichen unseres Landes. Sie finden
in unserer Nachbarschaft statt. Oftmals sind es Menschen, die wir
aus unserem Umfeld kennen.

Eine repräsentative Umfrage[25] der Körber-Stiftung verdeutlicht
dies in erschreckender Weise. So sind in Deutschland mehr als
die Hälfte aller Bürgermeister:innen mit 57 Prozent bereits belei-
digt worden. Im schlimmsten Fall sogar bedroht oder angegriffen
worden.

Die Umfrage bestätigt auch das Bild der von mir gezeigten Beispiele. Ein Fünftel der befragten Bürgermeister:innen (19 Prozent) denkt darüber nach, sich aus der Politik zurückzuziehen,

aus Sorge um die eigene Sicherheit und vor allem um die eigene Familie.

Eine für mich harte Erkenntnis war zu erfahren, dass das SPD-Bürgerbüro in Kalk – ein Ort, an dem ich selbst rund sechs Jahre lang arbeiten durfte – auf der Abschussliste des Nationalsozialistischen Untergrunds (NSU) stand. Aber nicht nur das Kalker Büro stand im Fokus des NSU. Viele andere Einrichtung und Personen, nicht wenige kannte ich persönlich, waren es auch. Doch damit nicht genug. Büros von Parteien und Abgeordneten werden immer häufiger angegriffen und beschädigt. Das Kalker SPD-Büro verzeichnet regelmäßig Angriffe. Farbschmierereien und eingeschlagene Fenster sind seit zehn Jahren keine Seltenheit mehr. Aber auch über die Kölner Grenze hinaus ist diese erschreckende Tendenz zu beobachten. So hat es allein in Brandenburg[26] 23 Angriffe im Jahr 2020 gegeben. Berlin[27] verzeichnete 2019 sogar 44 Angriffe.

An dieser Stelle muss Schluss sein.

Es sind häufig die kleinen Gesten der Mehrheit, fehlender Respekt und mangelnde Wertschätzung, die eine solche Entwicklung befeuern können. Vielleicht nicht ernst gemeinte Sprüche wie »die machen sich doch eh' die Taschen voll« oder »korrupte Politiker«, die Einzelne jedoch dazu motivieren, einen gravierenden Schritt weiterzugehen.

Anstand und Respekt. Ein gesundes Gespür für Moral. Eine gute Erziehung. All das sind Punkte, die ich immer stärker vermisse im Umgang miteinander. Und je mehr ich sie vermisse, umso stärker werden die Fliehkräfte, die diese Lücke mit den falschen Werten füllen. Es ist ein Teufelskreis.

Wollen wir künftig nur noch von Extremen regiert werden? Denn diese werden sich im Zweifel nicht zurückziehen, wie diejenigen von uns, die an ihre Gesundheit und die ihrer Familie denken. Diejenigen von uns, die irgendwann enttäuscht den Kopf hängen lassen und den Sinn in ihrem Engagement verlieren. Das kann keine Alternative sein. Es kann doch nicht akzeptabel sein, wenn man Angst haben muss, sich zu engagieren.

Steht auf! Seid laut!

Demokratie braucht kommunales Engagement. Denn dort arbeiten die kleinen Helden für Euch. Täglich. In ihrer Freizeit. Für ihre Stadt und ihre Gemeinde. Und für Eure. Steht zusammen und setzt ein Zeichen gegen diesen Hass.

13 Die Erlebniswelt – mehr Teilhabe schaffen

»I, I will be king. And you, you will be queen. Though nothing will drive them away. We can beat them, just for one day. We can be heroes, just for one day.«

(Heroes, David Bowie, 1977)

Wir leben in einem reichen Land. Ich glaube, das ist unbestreitbar. Im Vergleich zu vielen anderen Ecken unseres Planeten brauchen wir uns grundsätzlich keine Sorgen machen. Wir sitzen sicher in unserem Sofa und können uns die schlimmen Entwicklungen auf der Welt in der Tagesschau anschauen. Der jährlich von der Schweizer Bank Credite Suisse veröffentliche Global Wealth Report bescheinigt in seiner Ausgabe 2021[28], Deutschland liegt mit einem Gesamtvermögen von rund 15 Billionen US-Dollar im weltweiten Ranking weit oben. Tolle Leistung. Könnte man sagen.

Aber so rosig ist die Lage nicht. In kaum einem anderen Land – nicht in der Europäischen Union, noch darüber hinaus – ist die Kluft zwischen Reich und Arm so groß wie bei uns. Und diese wird nicht nur immer größer, die Strukturen verfestigen sich. Es wird also nicht leichter, aus der Armut zu entkommen. Im Gegenteil. Ist man einmal gefangen, kommt man kaum heraus.

Die Hans-Böckler-Stiftung beschäftigt sich sehr intensiv mit dieser Entwicklung. Ich kann nur empfehlen, sich mit diesen Publikationen eingängiger zu beschäftigen. In einem Böckler-Report vom November 2018[29] wird beispielsweise verdeutlicht, dass der Anteil von dauerhafter Armut sich von 4,37 Prozent (2001–2005) bis hin zu 5,46 Prozent (2015–2018) stetig vergrößert. Der Anteil von Menschen mit dauerhaftem Reichtum vergrößert sich ebenfalls weiter, von 1,68 Prozent (2001–2005) auf 2,13 Prozent (2015–2018).

Diese Entwicklung, dass es mehr Armut und mehr Reichtum gibt und sich dies auch noch zementiert, hat am Ende schwere Auswirkungen. Wer aus der Armutsfalle nicht entkommen kann, wird abgehängt. Es findet immer weniger bis keine Teilhabe mehr in unserer Gesellschaft statt. Das Bildungsniveau sinkt. Am Ende fehlen die Chancen und wahrscheinlich auch der Wille, dieser Situation zu entkommen. Wie auch.

Warum ist das so? Weshalb ist Deutschland reich, seine Bewohner aber nicht?

Gute Fragen, vor allem, weil die Wirtschaft – bis auf kurze Unterbrechungen – eigentlich boomt. Ich glaube, dass ein wesentlicher Faktor das im Vergleich zu anderen Ländern geringe Lohnniveau in Deutschland ist. Viel zu lang hat es gebraucht, bis in Deutschland ein allgemeiner Mindestlohn eingeführt wurde. Während es überall in der Europäischen Union einen Mindestlohn gab, wurde dieser in Deutschland stets verteufelt. Dass noch im Herbst 2022 der Mindestlohn auf 12 Euro pro Stunde – wieder ein großer Erfolg – angehoben wurde, wird vielen Menschen in Stadtteilen wie Vingst, Kalk oder Humboldt/Gremberg helfen.

Ein gutes Studium führt oft und schnell zu besseren Gehältern. Aber, wenn es das nicht gibt? Wenn die solide Ausbildung fehlt? Wenn vielleicht zu früh in den Schulen – im, wie ich finde, noch immer ungerechten deutschen Bildungssystem – ausgesiebt und Chancen verspielt wurden? Dann wird es besonders schnell eng im Geldbeutel. Vor allem dann, wenn die Lebenshaltungskosten steigen. Insbesondere bei den Mieten. Das trifft vor allem die Menschen in den Metropolen unseres Landes.

Auch die ökonomische Mittelschicht ist aber ein »bröckelnder Pfeiler«, wie die Bertelsmann-Stiftung in einer Analyse von 2021[38] verdeutlicht. Ihr Anteil an der Gesellschaft ist von 1995 (74 Prozent) in 2018 auf 67 Prozent gesunken. Dazu kommt, dass die deutsche Mittelschicht auch noch die meisten Beiträge zahlt. Sie ist, wie die Bertelsmann-Stiftung hervorhebt, die »Nettozahlerin des Steuer- und Versicherungssystems«. Das bedeutet übersetzt: Die Mitte der Gesellschaft ist zu reich, um arm zu sein, und zu arm, um reich zu sein. Man hat eigentlich genug verdient, es bleibt aber zu wenig übrig. Ich glaube, nicht wenige von uns kennen dieses Dilemma.

Nicht alle Familien können sich einen Jahresurlaub leisten. Während andere Kinder nach den Ferien in der Schule von ihrem Trip nach Italien, auf die Malediven oder in die USA erzählen, erinnern sich manche Kinder an ihre Zeit zu Hause.

Nicht wenige Familien brauchen Unterstützung. Die des Staates oder auch ihrer Gemeinde. Und das in einer Zeit, in der sich der Staat verstärkt zurückzieht. Das kann man am Verfall der Infrastruktur erleben. Als Kölner kann ich das derzeit an den maroden Rheinbrücken hautnah spüren. Wie viele Brücken oder Bahnhöfe sind kaputt? Wie viele Sanierungen wurden aufgespart? Wie viele Schulen sind marode? In Köln fehlen allein rund 40 weiterführende. Auf Jahrzehnte muss für viel Geld unendlich viel nachgeholt werden.

Jedenfalls hat sich der Staat aus vielen Bereichen zurückgezogen, was im Sozialen schwere Einschnitte zur Folge hatte. In diese Lücken ist nicht selten das Ehrenamt gesprungen und hat dafür gesorgt, dass es weiter geht.

Eine Geschichte aus meiner Nachbarschaft: die Kölner Stadtteile Vingst und Höhenberg Anfang der 1990er-Jahre.

Klassische alte Arbeiterquartiere aus der Zeit, als Kalk noch ein wichtiges Industriezentrum war. 1994 startete aus einer Initiative der evangelischen und katholischen Kirchengemeinde eine kleine Ferienbetreuung. Es ging darum, den Kindern der problembehafteten Stadtteile Vingst und Höhenberg eine schöne Zeit zu bieten. Einen Urlaub, den sich viele Familien in den beiden Quartieren ansonsten nicht leisten konnten. Auf einem Freigelände in Vingst gibt es seitdem jedes Jahr eine kleine Zeltstadt – das HöVi-Land. Es ist eine wichtige Möglichkeit für Kinder und Jugendliche entstanden, sich dem üblichen Alltagsstress zu entziehen. Zum Beispiel schwierigen Familienverhältnissen. Oder auch der Schule.

Was bietet HöVi? Es ist natürlich eine Freizeitbetreuung in den Schulferien. Es gibt Aktionen für Bewegung, eine Menge Sport. Aber es gibt auch Hausaufgabenhilfe, denn auch nach dem Sommer geht es für die Kinder und Jugendlichen weiter. Es gibt Workshops und Gruppenarbeiten, die es sonst nicht gibt. Es geht schlicht um das Zusammenleben und Gruppengefühl. Um Gemeinschaft. Die Grundlage einer Demokratie.

Das alles würde nicht funktionieren, wenn es nicht vom Ehrenamt getragen würde. Die wenigen Hauptamtlichen sind die Basis und sorgen für die Grundstruktur. Mehrere Hundert Ehrenamtliche sind das Herz des Projekts. Diese Unterstützer:innen helfen, um – auch in den Hochzeiten von Corona – über 600 Kindern eine gute Zeit zu bereiten. Es ist im Grunde eine große Familie. Die Kinder von damals sind nicht selten die ehrenamtlichen Helfer von heute. Am Ende ist es ein Erlebnis aus dem Stadtteil für den Stadtteil.

Als Bürgermeister war ich im Sommer stets dabei und habe in alter Tradition meiner Vorgänger sehr gerne die Schirmherrschaft übernommen. Ein Besuch im HöVi-Land war für mich immer etwas Besonderes. Eine tolle Stimmung lag stets in der Luft.

Dass das HöVi-Land heute zu dem geworden ist, was es ist, ist Pfarrer Franz Meurer zu verdanken, dem »Don Camillo aus Vingst«. Ich weiß gar nicht, ob er diese Bezeichnung mag. Wahrscheinlich würde er sie als Blödsinn abtun, aber für mich als großen Fan der alten Fernandel-Filme über Don Camillo und Peppone ist sie die Parallele. Ich schätze Franz Meurer für seine Arbeit in Höhenberg und Vingst und darüber hinaus. Ich bin sehr glücklich darüber, dass sich unsere Wege so häufig kreuzten. Nicht nur, weil meine Frau und ich vor vielen Jahren bei ihm heiraten durften.

Meurer ist eine streitbare Person. Jedenfalls scheut er nicht davor zurück, für seine Überzeugungen in Konflikte zu gehen und dafür zu kämpfen. Das ist etwas, was mir im Übrigen in der Politik häufig fehlt. Auch einmal bereit sein zu verlieren, wenn man für etwas einsteht. Bei ihm konnte ich das über Jahre beobachten. Und er ist authentisch. Ihm kauft man ab, was er sagt.

Nach all den Jahren ist er wahrscheinlich einer der bestvernetzten Menschen in Köln und dem Rheinland. Er sammelt Spenden für das HöVi-Land und findet Unterstützung, ohne die die Aktion – oder auch viele Projekte seiner Gemeinde – gar nicht möglich wären.

Über 25.000 Menschen leben in den beiden Stadtteilen, und ein Blick in den Lebenslagenbericht 2020[31] der Stadt Köln zeigt: Sie gehören leider zu der Spitzengruppe bei Themen wie Arbeitslosenquote, SGB2-Quote, Überschuldung oder auch geförderter Wohnraum. Es besteht also viel Hilfebedarf. Vieles wird von den Menschen vor Ort selbst übernommen. Sie übernehmen Verantwortung für sich und ihre Nachbarschaft. Nicht nur im Erlebnisparadies HöVi-Land, sondern auch drumherum.

Das, was in Höhenberg und Vingst passiert, ist ein bewegendes Beispiel für Gemeinwesenarbeit. Es ist eine Erfolgsstory. Aber sie wurde erst notwendig, weil sich der Staat in der jüngeren Geschichte immer mehr zurückgezogen hat. In vielen Bereichen gibt es solche Geschichten. Aber hat das Ehrenamt am Ende nicht vielleicht die Grenze dessen erreicht, was es schultern kann?

Die Schere zwischen Arm und Reich wird immer größer. Unser Alltag wird schnelllebiger und unsere Welt ist in ständiger Bewegung. Die Geschwindigkeit und die Fliehkräfte nehmen täglich zu. Diese stetige und schnelle Veränderung in unserem Leben führt zu Unsicherheiten und Ängsten. Es gibt diejenigen, die diese Entwicklung sehr gut meistern. Sie sind wirtschaftlich abgesichert. Vielleicht plagen sie sich auch mit Unsicherheiten herum, aber sie kommen gut klar.

Andere wiederum kommen gehörig unter die Räder. Ihnen geht es finanziell nicht so gut. Sie kämpfen oft um ihren Job und darum, dass sie ihren Familien und Kindern ein ordentliches Leben ermöglichen können.

Das kann man nicht nur in den beiden Stadtteile Höhenberg und Vingst – die man in jeder deutschen Stadt finden kann – erleben, sondern in vielen Teilen unserer Gesellschaft.

Und wenn wir diese angespannte Situation nicht nur in einigen Milieus, sondern in der Breite festmachen können, dann hat sich in unserer Gesellschaft schon eine Menge verschoben. Wenn es nicht mehr nur darum geht, dass manche Menschen überhaupt einen Job haben und damit genug verdienen. Wenn es schon zu oft der Fall ist, dass eigentlich gut gestellte Haushalte mit zwei Einkommen und einer guten Bildung streng haushalten müssen. Wenn man zu viel hat, um arm zu sein, aber zu wenig, um reich zu sein. Und das immer häufiger in unserem Land. Dann stimmt etwas nicht.

Willkommen in einem der großen Probleme unserer Zeit. Das Neudenken des Sozialstaats, um mehr Absicherung und Teilhabe zu ermöglichen. Wer ist bereit, diese Herausforderung anzunehmen? Habt den Mut, etwas Neues zu schaffen!

Ich habe hierzu auch eine Vorstellung. Bevor wir dahin kommen, möchte ich noch einen kleinen Ausflug in meine kommunalpolitischen Anfangsjahre wagen.

Mit der Einführung des sogenannten KölnPasses haben wir sowohl Hartz-IV-Empfänger:innen als auch die Kölner:innen insgesamt unterstützt, die zwar Arbeit und ein geregeltes Einkommen haben, das aber nicht wirklich reicht, um am Gesellschaftsleben teilzunehmen. Mal ins Theater oder ins Schwimmbad zu gehen, den Zoo zu besuchen. Unser KölnPass sorgte an verschiedenen Stellen im Alltag für wichtige Vergünstigungen. Es war die Möglichkeit zur Teilhabe, die manche vorher nicht mehr hatten.

Dass ein HöVi-Land auch nach all den Jahren noch ein wichtiger Bestandteil unserer Gesellschaft ist, zeigt, dass die Schere zwischen Arm und Reich immer weiter auseinandergeht und sicher noch gehen wird. Es gibt also weiterhin einiges zu tun.

Künstliche Intelligenz. Digitalisierung. Automation. Bereits heute ist klar, dass sich die Arbeitswelt von morgen ganz deutlich von der heutigen unterscheiden wird. Das, was wir im Strukturwandel in Kalk oder im Ruhrgebiet erleben konnten, wird auch andernorts immer mehr geschehen. Wir können uns schon jetzt ausmalen, dass wir künftig viele unserer heutigen Jobs nicht mehr brauchen werden. Nicht nur klassische Arbeiterjobs. Das können schon einfachere Verwaltungstätigkeiten sein. Das bedeutet auch, dass nicht jeder eine neue Aufgabe findet. Nicht jeder wird diesen neuen Strukturwandel erfolgreich mitgehen. Die Arbeitslosigkeit wird zunehmen.

Und wenn das so ist, dann können doch die Antworten für morgen doch nicht die Lösungen von gestern sein, oder?

Was ich bei der heutigen Politik vermisse, ist der Mut, aus den gewohnten Schranken auszubrechen und etwas Neues zu wagen. Und dieses Neue ist für mich das Bedingungslose Grundeinkommen (BGE).

Seit Jahren geistert das BGE durch die politische Landschaft, und ich habe den Eindruck, dass sich jeder bei dem Thema wegduckt. Ich gestehe, dass ich mit dem Bedingungslosen Grundeinkommen auch jahrelang nichts anfangen konnte. Für mich war Erwerbsarbeit die Grundlage unseres Sozialstaats und der Gedanke, dass man »für's Nichtstun Geld bekommen« könnte, hat mich nicht gereizt und schon gar nicht überzeugt.

»Wer geht denn dann noch arbeiten?« Diese Kritik gab es schon vor 15 Jahren. Bei mir und bei vielen anderen. Und noch heute will sich praktisch keine Partei so richtig hinter dieses Thema stellen.

Warum wurde ich vom Skeptiker zum Gläubiger des BGE?

»Fördern und fordern!« war der Leitgedanken der damaligen Agenda 2010 und der Hartz-Reformen Anfang der 2000er-Jahre. Auch damals war es dringend Zeit, den Sozialstaat zu reformieren. Der Grundgedanke war aus meiner Sicht gar nicht falsch: Wenn man Unterstützung braucht, ist der Staat zur Stelle und greift einem unter die Arme. Gleichzeitig kann man als Teil der Gesellschaft auch einen Beitrag dazu leisten, wieder auf eigenen Füßen zu stehen. Im Mindesten sollte man sich beteiligen und alles dafür tun, dass man wieder nach vorne kommt.

Das »Fördern und Fordern« war aber nie in einer Balance, sondern immer in einer Schieflage. Menschen, die auf Grundsicherung angewiesen sind, nehmen Hartz IV als wenig förderlich wahr, sondern als bürokratisch, bevormundend und kontrollierend. Hartz IV macht vielen Menschen Angst.

Das habe ich nicht selten im SPD-Bürgerbüro erlebt, wenn die Menschen zu mir ins Büro kamen und mir ihr Sorgen erzählten und um Unterstützung baten, weil sie schwere Probleme mit dem Jobcenter hatten. Oder weil sie mir ihren gesamten Frust an den Kopf warfen.

Aus Angst entsteht aber kein Vertrauen. Erst recht kein Gefühl von sozialer Sicherheit. Dieses braucht man aber, um persönliche Umbrüche meistern zu können. »Schützen und unterstützen« wäre aus meiner Sicht besser als »Fördern und Fordern«.

Nun zurück zum Ausgang meines Exkurses. Was seinerzeit vielleicht noch passend war, ist heute – rund 20 Jahre später – eben nicht mehr zeitgemäß. Unsere Gesellschaft war durchgängig im Wandel. Die Arbeitswelt hat sich verändert und wie schon gesagt: die Schere zwischen Arm und Reich geht täglich weiter auseinander. Selbstständige fallen bei der sozialen Sicherung beispielsweise durch das soziale Raster. Das wurde in der aktuellen Corona-Pandemie schonungslos deutlich.

Auch die Ansprüche der Menschen verändern sich. Vollzeitarbeit ist nicht mehr das Maßgebliche. Viele von uns wünschen sich insgesamt eine viel stärkere Work-Life-Balance. Weniger arbeiten ist also attraktiv, der damit zusammenhängende Verdienstausfall aber nicht. Nicht wenige von uns verspüren den Drang, sich beruflich zu verändern, aber scheuen das Risiko, möglicherweise arbeitslos zu werden.

Der Anteil von Frauen im Berufsleben ist glücklicherweise nicht mehr so niedrig wie in der Vergangenheit, als Männer die Hauptverdiener waren. Der weibliche Anteil bei Führungskräften passt sich immerhin langsam an. Damit arbeiten zeitgleich mehr Menschen als früher.

Die Arbeitswelt von heute ist also nicht mehr die Arbeitswelt von gestern. Allein schon aufgrund unserer persönlichen Ansprüche und Ziele.

Hinzu kommen die zuvor angesprochenen Aspekte der Digitalisierung und Automatisierung. Brauchen wir heute noch die Arbeitsplätze, die wir in den vergangenen Jahrzehnten hatten? Ich befürchte nicht. Arbeit und Produktion sind im stetigen Wandel. Man sieht dies zum Beispiel bei der Automobilindustrie oder vergleichbaren Produktionsbereichen: Es werden künftig zum Beispiel weniger Fahrzeuge für den individuellen Bedarf benötigt und Produkte können automatisiert teilweise mit weniger oder manchmal sogar ohne Mitarbeiter:innen hergestellt werden. Es werden unterschiedliche Tätigkeiten mit ganz anderen Aufgabenschwerpunkten in neuen Wirtschaftszweigen und Industrien entstehen. Es ist nicht unrealistisch, dass eine 39-Stundenwoche am Ende nicht mehr die durchschnittliche Wochenarbeitszeit sein wird.

Hierauf muss Politik reagieren, und die Instrumente der Vergangenheit können nicht die Lösungen für die Zukunft sein.

Die Kritiker eines BGE argumentieren häufig, dass es eine gute Tradition hat, die Sozialsicherung an die Erwerbsarbeit zu knüpfen. Aber was, wenn sie nicht mehr ausreicht, um den Sozialstaat in der heutigen Form zu finanzieren? Wenn sie nicht mehr reicht, um im Notfall ein menschenwürdiges Leben zu führen?

Ich sagte es bereits, ich war in der Vergangenheit sehr kritisch gegenüber dem BGE eingestellt. Interessant ist aber, dass es Unterstützer aus vielen politischen Lagern gibt. Wenn es von Links- bis Rechtsaußen Unterstützer gibt, lohnt definitiv ein zweiter Blick.

Ist ein BGE überhaupt finanzierbar? Ist es sozial gerecht?

Ich möchte einige Impulse zur Beantwortung der Fragen bieten. Wenn wir über die Finanzierbarkeit sprechen, ist natürlich die Höhe eines BGEs maßgeblich. Wie hoch müsste es sein? 1.000 Euro oder gar 2.000 Euro? Erhalten Kinder die gleiche Summe wie Erwachsene? Und was ist mit den Vermögenden, die es eigentlich nicht bräuchten? Das sind politische Fragen und eine jeweilige Mehrheit in Bundestag und Bundesrat könnte diese beantworten.

Ich will es einfach halten und setze daher zur Veranschaulichung 1.000 Euro an. Ein BGE würde die verschiedenen Sozialleistungen in unserem Land fusionieren. Laut Statista.de haben diese 2019[32] das erste Mal die Grenze von einer Billion Euro geknackt. Das ist eine Menge Holz.

Wenn nun rund 83 Millionen Einwohner in Deutschland ein BGE in Höhe von 1.000 Euro im Monat erhalten, würde das zu Ausgaben von ebenfalls fast einer Billion Euro pro Jahr führen. Also eine vergleichbare Summe.

Zur Refinanzierung des Projekts würde meines Erachtens auch eine Verringerung von Verwaltungsaufwand beitragen. Denn alle Bürger:innen unseres Landes erhalten es. Da das BGE bedingungslos ausgezahlt würde, entfielen die Bearbeitung von Anträgen oder Prüfungen von verschiedenen Sozialleistungen, die von unterschiedlichen Ämtern durchgeführt werden. Es würde manche Verwaltungseinheiten vielleicht gar nicht mehr brauchen und Verwaltungsmitarbeiter:innen könnten infolgedessen andere wichtige Aufgaben übernehmen, für die sie händeringend benötigt werden. Die sozialen Sicherungssysteme sind dermaßen kompliziert, dass eine Vereinfachung nicht nur zu mehr Übersicht führen müsste, sondern mit Sicherheit auch ein gewaltiges Einsparpotenzial in der Administration böte.

Ein weiterer Finanzierungsbeitrag ergibt sich meiner Meinung nach durch eine verstärkte und gerechtere Besteuerung von hohem Vermögen. Dass in unserem Land die Steuergerechtigkeit ausgebaut werden muss, ist kein Geheimnis. Erinnern wir uns an den Einstieg in dieses Kapitel. Unser Land ist ziemlich vermögend. Dieser Wohlstand kommt nur leider nicht überall an. So ist es heute leider so, dass Erwerbsarbeit stark besteuert wird. Sozialabgaben treffen Arbeitnehmer – und Arbeitgeber. Hingegen sind hohe Vermögenswerte und Kapitalerträge weitestgehend unangetastet. Das führt zu einer Ungerechtigkeit in unserer Gesellschaft und zu einer stärkeren Belastung der Mittelschicht in unserem

Land. Ich hatte es bereits erwähnt: Zu reich, um arm zu sein, und zu arm, um reich zu sein.

Die Umsetzung einer Vision wie des BGEs böte also die Möglichkeit, das Thema gleich direkt mit anzupacken. Und mal ganz nebenbei: Eine stärkere Berücksichtigung von Vermögen und Kapitalerträgen – die ich auch niemandem streitig machen möchte und wirklich gönne– wäre dringend angebracht. Auch unabhängig von einem BGE. Es wäre fair, die Lasten in unserem Land auf alle Schultern zu verteilen.

Man kann ganz sicher die Frage stellen: Sollen Vermögende überhaupt ein BGE erhalten? Auch dann, wenn sie es gar nicht bräuchten? Was ist daran fair?

Der Einfachheit halber wäre es sicher am leichtesten, ohne Bürokratie aufzubauen, allen Bürger:innen bedingungslos das BGE auszuzahlen. Aber grundsätzlich ist es schon eine berechtigte Frage, ob es tatsächlich jeder benötigt. Ich finde die Überlegung daher sehr spannend, das BGE als eine Art Steuervorausbonus zu verstehen. Ab einem gewissen Einkommen schmilzt die Höhe des BGEs ab, sodass man nur weniger bis gar keines bräuchte. Am Ende ist das eine Frage der Ausgestaltung und einer politischen Entscheidung.

Gerade die aktuelle Corona-Pandemie zeigt uns, wie wichtig eine funktionierende soziale Absicherung in Krisensituationen ist. Ich bin davon überzeugt, dass Hartz IV endlich überwunden und eine neue Garantiesicherung geschaffen werden muss: ohne Sanktionen und mit dem großen Ziel, ein würdevolles Leben zu ermöglichen. Die Bundesregierung von SPD, Grünen und FDP hat hierzu erste Schritte gemacht und aus dem ALG zum 1. Januar 2023 das neue Bürgergeld entwickelt. Einiges sollte sich ändern, und nicht nur die Regelsätze sollten steigen. Leider sind die Pläne der Ampel am Ende an CDU und CSU gescheitert, die diesen Systemwechsel blockiert haben. Mal wieder. So war das schon mit den Hartz-Gesetzen 2003. Die sind am Ende auch nur so geworden, weil es die Union erzwungen hat. Es sind jedoch kleine Schritte erfolgt, und wenn sich die politischen Mehrheiten verändern, mögen auch große Schritte drin sein.

Letztlich ist eines wichtig: Es geht um die Verantwortung dafür, einen Vorsorgestaat zu schaffen, der den sozialen und wirtschaftlichen Herausforderungen von heute und vor allem für morgen gerecht wird.

Ich würde mich sehr freuen, wenn die Kinder in Höhenberg und Vingst ihre Ferien gemeinsam im HöVi-Land erleben würden, um zusammen zu sein, um eine tolle Zeit unter Freunden zu genießen, und nicht, weil sie es nicht anders können, weil sie und ihre Eltern von wirtschaftlichen Zwängen getrieben sind.

14 Zwölf Ratschläge zum Schluss

>>Empty spaces, what are we living for?
Abandoned places, I guess we know the
score, on and on. Does anybody know what
we are looking for?<<

(The show must go on, Queen, 1991)

Ja, es gab Frust in meinem politischen Leben. Vieles war nicht leicht und manches hat mich einfach nur genervt. Insbesondere am Ende und einiges habe ich dazu bereits geschrieben. Doch ich bleibe dabei: Kommunalpolitik ist eine noble Aufgabe und jedem, der diese Verantwortung übernimmt, gebührt Dank und Respekt.

Ob man als Bürger:in am Ende mit der Arbeit eines Mandatsträgers zufrieden ist, ist eine andere Frage. Die Demokratie bietet uns eine einfache Möglichkeit, hierüber zu befinden: Wahlen. Und am besten ist sowieso, man packt direkt selbst mit an.

Und da ich langsam in ein Alter komme, in dem ich gerne über meine Erfahrungen spreche und versuche, den ein oder anderen Ratschlag an Frau oder Mann weiterzugeben, möchte ich die Gelegenheit nutzen. Ihr habt immerhin dieses Buch gekauft. Die Ratschläge gibt's on top.

In all den Jahren habe ich viel erlebt, viele Menschen und ihr Handeln kennen gelernt und natürlich selbst Fehler gemacht – sicher nicht wenige –, aber dadurch gelernt. Rückblickend gibt es für mich einige Punkte und Erfahrungen, die ich gerne loswerden möchte. Vielleicht werden sie ignoriert. Möglicherweise auch belächelt oder als Kleinigkeiten und Banalitäten erachtet. Ich glaube aber, dass es einige einfache und manchmal fast schon selbstverständliche Grundsätze und Herangehensweisen sind, die den Unterschied ausmachen.

1. Nehmt Euch Zeit

Wer sich kommunal oder auf einer anderen politischen Ebene engagieren will, braucht einen langen Atem und ein dickes Fell. Nehmt Euch nicht jeden Streit oder jede Anfeindung zu sehr zu Herzen. Ihr werdet für die Verfehlungen anderer verantwortlich gemacht. Das ist leider so. Steht darüber.

Mein Tipp: Denkt langfristig und lauft nicht kurzfristigen Erfolgen hinterher. Ein nachvollziehbarer Plan, eine klare Haltung und erkennbare Werte sind viel mehr wert, als kurz und schnell laut aufzufallen.

2. Seid verbindlich und verlässlich

Seid bitte verbindlich. Macht Euren Job und macht ihn gut. Schielt nicht direkt auf die nächste Vorstandsposition oder das kommende Mandat. Eure Erfolge sprechen für sich. Zu oft habe ich diejenigen erlebt, die kamen und alles wollten. Die sogenannte »Ochsentour« hat auch Vorteile, wenngleich man diese aber nicht übertreiben muss. Das muss auch nicht für jeden gelten. Aber nehmt Euch Zeit, um Euch zu beweisen und vor allem, um zu lernen. Lernt, Fehler zu machen und hieraus die Erfahrung und Inspiration zu gewinnen, um es beim nächsten Mal viel besser zu machen.

Verlässlichkeit ist das A und O. Wenn man nicht auf Euch bauen kann, ist Euer Fundament leider nicht besonders stark. Und Euer Fundament ist die Basis Eures politischen Wegs, wie weit er Euch auch immer führen soll. Zeigt, was Ihr könnt, und bringt Eure Aufgaben zu Ende.

3. Ihr könnt es nicht allen recht machen

Versucht nicht, es jedem recht zu machen. Das wird nicht funktionieren. Jeder Meinung von Parteifreunden oder Wählern gerecht zu werden, ist weder in der Sache richtig, noch wird es möglich sein. Denn an der nächsten Ecke stehen wieder fünf andere Menschen, die keine Kompromisse suchen. Sie stellen die Maximalforderung, denn sie sind egoistisch.

Steht daher zu Euren Ideen und diskutiert darüber. Überzeugt andere von Euren guten Vorstellungen und noch besser: Seid offen für Neues und seid auch bereit, Euch von anderen überzeugen zu lassen. Das ist eine besondere Stärke, die nach meiner Erfahrung viel zu wenig haben.

4. Bleibt authentisch

Verstellt Euch nicht. Bleibt Euch treu. Seid schlicht authentisch. Man merkt schnell, wenn man sich für andere verbiegt und versucht, besser anzukommen. Eure Gegenüber merken das. Vielleicht nicht sofort, aber auf Dauer ist das so. Ihr müsst nicht immer der Meinung von Vereinsvertreter:innen oder Bürger:innen sein. Eine andere Position zu haben und dafür einzustehen, ist viel wert. Eure Gegenüber spüren das. Insbesondere, wenn Ihr daneben in Eurer Arbeit verbindlich und verlässlich seid und ihnen zur Seite steht. Arbeitet mit ihnen und unterstützt sie, auch wenn es mal unterschiedliche Auffassungen gibt.

Das ist auf Dauer viel mehr wert als kurzfristige Anerkennung. Das gilt natürlich nicht nur für die Politik, sondern für unser gesamtes Leben. Genauso wichtig ist: Interessiert Euch für die anderen, ihre Interessen und Probleme. Bleibt dabei nicht oberflächlich. Das verbindet und bringt Euch weiter.

5. Es gibt Grenzen

Was besser werden muss, ist das Zusammenleben in unserer Gesellschaft. Es braucht mehr gegenseitigen Respekt. Für die aktuelle Verrohung darf kein Platz sein. Beleidigungen und Bedrohungen sorgen am Ende dafür, dass sich niemand mehr engagiert. Und das ist ein ziemlich großes Problem.

Lasst Euch nicht alles gefallen und spiegelt den Menschen da draußen, dass nicht alles in Ordnung ist. Ein dickes Fell zu haben ist wichtig. Besonders ab einer gewissen Ebene. Man muss jedoch nicht alles hinnehmen, weil Euer Gegenüber eine potenzielle Wahlstimme hat. Es gibt Grenzen und diese wurden schon zu oft überschritten.

Politiker:innen sind nicht mit Bankräubern und Drogendealern zu vergleichen. Außer vielleicht die vereinzelten Bundestagsabgeordneten, die während der Corona-Krise vermeintlich Korruption betreiben und sich in einer Pandemie am Elend anderer bereichern. Sie machen Euch an der Basis das Leben schwer. Sie sind schlechte Beispiele.

6. Diskussionen müssen sein

Darüber hinaus ist politischer Streit nichts Schlechtes und der Diskurs über Ideen der Grundpfeiler der Demokratie. Ihr habt eine Position oder ein Anliegen? Kämpft dafür und versucht, andere hiervon zu überzeugen. Und was mir besonders wichtig ist: Lasst Euch nicht davon abbringen, weil das peinlich werden könnte. Das ist aus meiner Sicht Blödsinn.

Diskutiert über Inhalte und über Wege. Am Ende steht eine demokratische Entscheidung und dann geht es weiter. Und wer weiß? Vielleicht sind die Ideen der anderen sogar besser als Eure?

Aber Überzeugung braucht den Diskurs, und den darf man nicht unterdrücken. Eine Partei, die nicht diskutiert und manchmal auch streitet, lebt nicht. Wer wählt eine tote Partei?

7. Baut Netzwerke auf

Das klingt abgedroschen. Und es klingt schon gar nicht neu. Doch es ist umso richtiger und wichtiger. Schon einer meiner Professoren im Studium riet mir hierzu ständig. Und er hatte recht. Das gilt nicht nur für die Politik, wobei es gerade hier von absoluter Wichtigkeit ist. Es gilt genauso für das Berufsleben und natürlich auch privat.

Ein Netzwerk ist eine Basis. Es ist die Möglichkeit, sich auszutauschen, gemeinsam an Themen zu arbeiten und sich im ständigen Diskurs weiterzuentwickeln. Ja, und natürlich ist es auch Eure politische Machtbasis, weil Ihr Euch gegenseitig unterstützt und wählt. Ohne Macht fehlen Euch Gestaltungsmöglichkeit und Einfluss. Also kommt Ihr ohne Netzwerk nicht voran. Nutzt die Zeit, Euch dieses aufzubauen.

Doch Vorsicht: Bedenkt immer, dass es zu Situationen kommen kann, in denen Euch Leute – die Euch sonst stets unterstützten und mit denen Ihr vielleicht auch befreundet seid – mal nicht folgen. Das kann mannigfaltige Gründe haben, aber letztlich haben auch sie Eigeninteressen. Im Grunde ist es immer eine Form von Egoismus und das ist auch vollkommen in Ordnung so.

Es können sehr unterschiedliche Motive sein: Dass sie vielleicht das Mandat oder die Position Deiner Mitbewerber:innen haben wollen und sich daher freuen, wenn dieser weiterkommt. Manchmal ist es aber auch nur Missgunst. Wie auch immer. Eine solche Situation ist natürlich, und man sollte sich dessen immer bewusst sein. Dann wird man auch nicht so schnell enttäuscht. Ein bisschen gesunde Paranoia hat darüber hinaus im Politgeschäft nie geschadet. Aber übertreibt es damit nicht.

Problematisch ist für mich, wenn Netzwerke zum Beispiel parteiintern anfangen, sich nur noch zu bekriegen und gegenseitig auszustechen. Das hat bei mir unter anderem dazu geführt, dass ich schlicht keine Lust mehr hatte. Die Balance des Miteinanders darf nicht verloren gehen.

8. Nicht an der Oberfläche schwimmen

Wenn es einen Fehler gibt, den man schnell machen kann, dann ist es, zu sehr im Vagen zu bleiben. An der Oberfläche zu schwimmen. Ich habe selbst diesen Fehler gemacht, anfangs weil es mir manchmal nicht wichtig schien und später vor allem, wenn mir die nötige Zeit fehlte. Aber jedes Mal hat es mich gestört, ja, sogar ziemlich fuchsig gemacht.

Arbeitet Euch in Eure Themen ein. Egal ob es das Wahlprogramm ist, welches Ihr vertretet, oder die Vorlagen aus Eurem Stadtrat oder Bezirksparlament. Ihr seid viel stärker und viel überzeugender als Persönlichkeit, wenn Ihr von diesen Themen mehr als nur eine vage Ahnung habt.

Werdet Fachleute zu Euren Themen. Es gibt Euch eine starke inhaltliche Basis. Was Euch überzeugender macht, macht Euch am Ende auch authentischer. Denn Ihr wisst genau, wovon Ihr sprecht. Und Ihr könnt andere viel besser überzeugen, Euch zu folgen. Und sind wir doch mal ehrlich mit uns: Es macht überhaupt keinen Spaß, im Gespräch zu merken, dass man keine Ahnung hat.

9. Seid offen für Neues

Etwas, das leicht im politischen Alltag passiert, ist, dass man zu lange in seiner eigenen kleinen Blase sitzt. Man verpasst zu leicht, dass sich die Welt verändert, dass es neue Ideen und Ansätze gibt. Man entwickelt sich nicht weiter.

Es tut auch mal gut, sich mit anderen Fachthemen zu beschäftigen und Neues aufzunehmen. Das ermöglicht einem unter anderem auch, ein breiteres Wissen aufzubauen. Vielleicht entdeckt Ihr auch ein neues Steckenpferd, eine neue Lieblingsdisziplin?

Lasst Euch inspirieren. Das funktioniert vor allem gut, wenn Ihr draußen bei den Menschen seid. Neue Bekanntschaften aus Eurem Wahlkreis sind stets neue interessante Geschichten. Das ist unschätzbar wertvoll. Erweitert regelmäßig Euren Horizont. Das macht für mich eine progressive Politik aus, etwas zum Positiven zu verändern und weiterzuentwickeln. Das geht aber nur, wenn man aus seinem alten Suppentopf herauskommt und nicht ständig die Parolen von vorgestern proklamiert.

10. Aufgabe auf Zeit

Politik ist eine Aufgabe auf Zeit. Immer. Seid Euch dessen immer bewusst. Viel zu viele politisch engagierte Menschen – ob im Mandat oder in Funktion in einer Partei – sitzen zu lange auf ihren Stühlen. Ihre Scheuklappen werden größer. Die Perspektive ist eingeschränkt. Zwanzig Jahre im Bundestag zu sitzen ist eine lange Zeit. Aber wird man nach 24, 28 oder mehr Jahren besser? Als Abgeordneter? Als Mensch? Ich habe in meiner Zeit zu viele gesehen, deren Zeit eigentlich abgelaufen war und die dennoch ihre Position nicht verlassen wollten. Wobei mir auch wichtig ist, nicht zu pauschalisieren. Diese Einschätzung trifft ganz sicher nicht auf alle zu. Manche Politiker:innen leisten über Jahrzehnte hervorragende Arbeit, die viel zu selten gewürdigt wird.

Seid bereit loszulassen. Politik und Demokratie leben vom Wechsel. Und manchmal ist es auch ganz gut, mal an etwas anderem zu arbeiten. Noch mal im Beruf zu stehen und später vielleicht wieder für ein politisches Mandat zu kandidieren.

Egal wie Ihr es anstellt: Vergesst nicht, dass es eine Aufgabe auf Zeit ist. Ob Ihr es am Ende selbst in der Hand habt, wie ich, oder es anders läuft. Vielleicht werdet Ihr auch von den Wähler:innen abgewählt? Habt stets einen Plan B in der Tasche. Fokussiert Euch nicht zu sehr auf dieses Politleben. Es kann schneller vorbei sein als Ihr denkt. Und das gehört zum Spiel und ist richtig so.

11. Ihr müsst gar nichts!

Lasst Euch nicht einreden, was ihr alles machen müsst. Von niemanden. Niemals. Wie oft musste ich mir von anderen politischen Weggefährt:innen anhören, was ich machen muss, von Leuten, die zwischenzeitlich aus der Zeit gefallen waren und nicht mehr durch Leistung auffielen. Das hat mich sehr geärgert. Das hat auch viel mit Wertschätzung zu tun und damit, dass vieles für selbstverständlich gehalten wird. Und es schmälert Eure eigene Arbeit. Denn Ihr habt vielleicht einen klaren und ziemlich guten Weg eingeschlagen.

Merkt Euch bitte: Ihr müsst gar nichts. Aber ihr könnt eine Menge. Entscheidet selbst, wofür Ihr steht und was Ihr machen wollt!

12. Vergesst Euer Leben nicht

Die letzte und für mich wichtigste Regel, die ich allen politisch Engagierten mit auf den Weg geben will: Ihr habt ein Privatleben!

Politik ist spannend. Man trifft viele interessante Menschen und hat die Chance mitzuentscheiden. Aber: Bei allem Engagement solltet Ihr darauf achten, Abstand zu halten.

Es tut einfach gut, seine Familie mehr als die Parteikolleg:innen zu sehen. Es ist wichtig, seinem Hobby nachzugehen und sich beruflich weiterzuentwickeln. Zu oft war ich nicht bei meiner Familie, zu oft konnte ich nicht bei Freundestreffen dabei sein, weil irgendwelche Termine anstanden. Es dankt Euch am Ende keiner, dass Ihr auf jedem Partei- und Politiktermin anwesend gewesen seid.

Euer Privatleben ist unschätzbar wertvoll und sollte stets vorgehen.

Mein Kapitel in der Politik ist abgeschlossen und ich freue mich auf die neuen Herausforderungen in meinem Leben.

Aber das gilt nur für mich!

Ich würde mich freuen, künftig engagierte, offene und interessierte Menschen wählen zu dürfen, die sich für unsere gemeinsame Zukunft einsetzen. Menschen, die mich überzeugen und mitreißen. Personen, die für etwas und nicht gegen etwas kämpfen. Die Lösungen erarbeiten und präsentieren und nicht nur Probleme hochhalten. Engagierte Persönlichkeiten, die für eine gerechte Welt demonstrieren und sich dafür einsetzen, dass sie sich fortschrittlich weiterentwickelt.

Ich baue auf Euch!

15 Bühnenwechsel – ein sehr persönliches Nachwort

»I'm free to be whatever I
Whatever I choose and I'll sing the blues
if I want.«

(Whatever, Oasis, 1994)

23. Februar 2023.

Ich habe eingangs die Frage aufgeworfen, was einen Politjunkie von heute auf morgen dazu bringt, auf die Bremse zu treten, von 180 auf 0 zu gehen und alles hinter sich zu lassen. Ich hoffe, die Motivation meines Handelns in den vorangegangenen Kapiteln nachvollziehbar erklärt zu haben. War es die richtige Entscheidung? War es eine gute Wahl, die politische Bühne zu verlassen?

JA! Und zwar ohne Wenn und Aber. Ich habe eindeutig und spürbar mehr Lebensqualität gewonnen. Ich durfte mehr Glück und Ruhe erfahren, mehr Ausgeglichenheit als in einer langen Zeit zuvor.

Bereits mit der Ankündigung meines Ausstiegs habe ich die Zeit für mein politisches Handeln stark reglementiert und mehr Grenzen gezogen. Ich habe klare und für mich unverrückbare Linien gezogen. Ich habe nicht jeden – oder fast jeden – Termin wahrgenommen, zu dem ich eingeladen wurde. Ich habe auch mein Engagement innerhalb der SPD stark zurückgenommen und mich aus Vorständen und Gremien verabschiedet.

Ich war nicht mehr bereit, so viel Zeit in Runden zu verbringen, die für mich manchmal nur noch schwer zu ertragen waren. Termine, die ich nicht selten für reine Zeitverschwendung hielt, weil sie entweder nicht zielorientiert waren oder mich manche Teilnehmer in den Wahnsinn trieben. Auch gab es Zeiten, in denen es sich für mich so anfühlte, als ginge es nur noch ums Gegeneinander. Der eine Teil der Partei gegen den anderen. Er oder sie musste verhindert werden. Das konnte doch nicht der Mittelpunkt meines politischen Wirkens sein?

Eines möchte ich klarstellen: Konflikte sind grundsätzliches nichts Schlechtes. Im Grunde können sie sogar sehr positiv sein. Sie können Entwicklungen befeuern. Es steckt Leben in der Bude. Und es ist genauso wichtig, dass man daran arbeitet, Mehrheiten zu gewinnen. Das führt zu Macht. Und Macht ist nichts Schlimmes. Im Gegenteil. Wenn man politische Ziele verfolgt und gestalten will, geht das nur mit Mehrheiten und Macht. Ein gesundes Verhältnis zur Macht ist für Politiker:innen absolut notwendig. Ich selbst habe es jahrelang so verfolgt und an meinem Einfluss gearbeitet, damit ich meine Ideen und Ziele umsetzen kann. Es macht sogar Spaß.

Doch diese zur damaligen Zeit ausufernden und für mich nicht zielführenden Konflikte nahmen mir dauerhaft zu viel Raum ein. Das Verhältnis war für mich nicht mehr ausgewogen. Und wenn die Interessen von Einzelnen die der Gemeinschaft überwiegen, stimmt etwas nicht mehr. Auch das öffentliche Bild der Partei war aus meiner Sicht kein gutes. Etwas, das sich bis zur Kommunalwahl 2020 in Köln fortführte und sich auch im Herbst 2021 wiederholte. Das demotivierte mich damals sehr und ist noch heute ein gewichtiger Grund, warum ich mich im November des Jahres 2021 trotz zahlreicher Anfragen nicht dazu durchringen konnte, wieder eine Kandidatur zu übernehmen.

In dieser frustrierenden Zeit kam auch noch hinzu, dass ich ebenfalls inhaltlich haderte und mir der erneute Beitritt der SPD in die Große Koalition 2017 mehr als nur starke Bauchschmerzen bereitete. Diese für mich falsche Entscheidung zu unterstützten – wenngleich nur indirekt – hat mir persönlich große Probleme bereitet. Und in den Jahren dieser politischen Konstellation haben sich meine Bedenken bestätigt.

Ich war schlicht müde, ständig mit der Partei gegen die Wand zu laufen. Immer und immer wieder. Für mich war es schwer zu ertragen, vor Ort gut zu arbeiten und dann immer wieder einen Knüppel aus Berlin zwischen die Beine geworfen zu bekommen. Das macht mürbe. Für mich war es am schwerwiegendsten, dass ich das Gefühl verloren hatte, dass es sich ändert. Es fühlte sich am Ende so an, als wäre ich mit der Partei in einem Hamsterrad gefangen. Es dreht sich immer weiter, aber der Ausbruch aus der Situation erscheint nicht möglich.

Und wenn es nicht nur ein Punkt ist, der dich stört, wenn es so viele Aspekte deines politischen Lebens geworden sind, die in einem Missverhältnis stehen und die Balance nicht mehr vorhanden ist, dann ist es Zeit zu gehen.

Vielleicht ist es eine Erkenntnis des Älterwerdens. Aber meine Zeit war und ist mir mittlerweile zu kostbar geworden, als dass ich sie in Unzufriedenheit verbringe oder gar verschwende. Der Tag hat nur 24 Stunden und die Zeit im Wachsein ist doch stark begrenzt.

Meine Lebenszeit ist am Ende schlicht auch mein Gradmesser. Ich konnte mehr Zeit mit meiner Familie verbringen. Ich war zu Hause. Mehrere Abende die Woche. Ich hatte zu normalen Zeiten Feierabend, ohne den Druck zu haben, noch einen Vorstandstermin oder eine Einladung aus dem Wahlkreis wahrnehmen zu müssen. Ich habe etwas erlebt, was ich kaum noch kannte. Es war beruhigend und angenehm. Ich war viel präsenter und wahrnehmbarer. Schon das hat zu mehr Selbstzufriedenheit geführt und ich hoffe und glaube, dass es auch zu mehr Familiengefühl und Glück zu Hause führte.

Man kann nicht von den politischen Vertretern eine ständige Präsenz und Erreichbarkeit einfordern. Ich bewundere diejenigen, die diese Grenze für sich gefunden haben. Ich hatte sie leider nicht. Das ständige Kümmern stand bei mir im Vordergrund und war maßgebend für die Arbeit. Aber zu welchem Preis? Abgesehen davon, dass es einem am Ende keiner dankt. Ich glaube, dass ich in der Schlusszeit sogar noch mehr Rückhalt und Akzeptanz gewonnen habe als in den Jahren zuvor. Zum einen, weil ich eindeutige Grenzen gezogen habe, und zum anderen, weil ich klar und frei heraus gesagt habe, was überhaupt nicht passt.

Man kann nicht auf allen Hochzeiten tanzen. Jedenfalls nicht gut und schon gar nicht auf Dauer. Und so hat mich mein politisches Engagement auch davon abgehalten, beruflich einige Schritte nach vorne zu gehen. Irgendwann muss man sich entscheiden, welchen Weg man gehen möchte.

Ich habe in diesem Buch davon geschrieben, dass ich mich im Jahr 2016 beworben habe, bei der Landtagswahl 2017 als Kandidat anzutreten und in die Berufspolitik zu wechseln. Es hat knapp nicht gereicht. Und das war vollkommen in Ordnung. Heute bin ich sogar froh, dass ich damals diesen Weg nicht eingeschlagen und mich in der Folgezeit hinterfragt und meinen Weg in andere Bahnen gelenkt habe. Ich wäre damals wahrscheinlich nicht glücklich geworden, mein Schicksal in die Hand von Wählern zu legen, denen ich heute tatsächlich eine Spur misstraue.

Warum schreibe ich von Misstrauen? Wenn ich behaupte, dass in unserer Gesellschaft die Balance nicht mehr stimmt, dann liegt das zum einen an einer sehr überzogenen Erwartungshaltung von Menschen gegenüber der Politik. Denn es wird immer häufiger das Größte und Bestmögliche erwartet. Ohne Kompromisse. Gleichzeitig ist man nicht bereit, hierfür etwas zu geben. Denn etwas braucht es in der Politik definitiv: Es sind die Stimmen der Wähler:innen.

»Wenn es in der Politik eine Währung gibt, dann sind es die Wählerstimmen«.

Diese Wählerstimmen sind das Kapital, mit dem Politik nach der Wahl arbeiten kann. Hat man eine Mehrheit, allein oder, wie in der Regel, in einer Koalition, dann kann man seine Ziele umsetzen. Je mehr Stimmen man hat, umso mehr Möglichkeiten bieten sich einem, umso mehr Macht besitzt man. In einer Koalition beeinflusst die Anzahl an Wählerstimmen die Machtverhältnisse ganz entscheidend. Und ohne Macht wird nicht regiert.

Wenn man aber auf der einen Seite immer mehr fordert und auf der anderen Seite immer weniger dafür gibt, dann ist das Scheitern programmiert. Wenn auch erst in einiger Zeit.

Der andere Aspekt des Misstrauens beruht auf dem Umgang mit Politik. Insbesondere Kommunalpolitik bekommt für alles die Prügel ab, auch wenn die Gründe dafür woanders liegen. Aber auch auf den anderen Ebenen ist es so. Ich empfinde es als teilweise sehr erschreckend, was viele engagierte Politiker:innen persönlich oder öffentlich alles abbekommen. Da ist die Grenze schon lange überschritten.

Ein anständiger Umgang untereinander und gegenseitige Wertschätzung müssen die Grundlage für ein stabiles und soziales Miteinander sein. Egal, ob wir über Kommunalpolitik sprechen oder auch über anderes ehrenamtliches Engagement.

Mir war bereits in meinen Anfangsjahren stets eine gute Zusammenarbeit über die Parteigrenzen hinweg sehr wichtig. Das war in meiner Zeit als Bürgermeister nicht anders. Für ideologische Grabenkämpfe ist meines Erachtens in der Kommunalpolitik kein großer Platz. Im Gegenteil. Haben wir nicht alle darunter gelitten und uns geärgert, dass unsere Anträge und Ideen nicht umgesetzt wurden? Nur gemeinsam sind wir stark. Davon war und bin ich bis heute überzeugt.

Dazu gehörte für mich aber auch, dass man als Bürgermeister auf Augenhöhe mit den anderen Parteien agiert. Man muss auch gönnen und den Erfolg der anderen in den Vordergrund stellen können. Immerhin war ich erster Repräsentant der Bezirksvertretung Kalk.

Nicht selten habe ich anderen den Vortritt gelassen oder das Rampenlicht gelassen, wenn ich sie dadurch unterstützen konnte. Oder lobte Vertreter der anderen Parteien in öffentlichen Sitzungen und sprach ihnen meinen Dank aus. Zum Beispiel den beiden Fraktionsvorsitzenden Jürgen Schuiszill (CDU) und Heinz-Peter Fischer (Die Linke). Beide haben sich sehr stark für die Rechte und Zuständigkeiten der Bezirksvertretungen gegenüber dem Stadtrat und der Verwaltung eingesetzt. Und mir war wichtig, dies auch öffentlich zu zeigen.

Natürlich hatte ich meine parteipolitische Herkunft und meinen politischen Kompass. Es wäre auch vermessen, das Gegenteil zu behaupten. Und natürlich habe ich auch versucht, das Beste für uns und für mich rauszuholen. Manchmal muss man auch als Partei oder Person deutliche Akzente setzen und klar die eigene Fahne hochhalten. Das haben wir getan. Das habe ich insbesondere als Fraktionsvorsitzender so gemacht, denn es war natürlich meine Aufgabe. Das ist klar, aber darum geht es mir nicht. Es geht mir vielmehr um den Umgang. Um das Zusammenführen, dort, wo vielleicht aus der Vergangenheit noch Scherben lagen.

Ich weiß, dass das in meiner Partei nicht immer gerne gesehen wurde. Ich habe es im Hintergrund vernommen. Aber es war mir egal. Es macht keinen Sinn, wie ein Elefant durch den Porzellanladen zu brettern und die anderen zu verprellen. Am Ende brauchst du mal etwas von ihnen, zum Beispiel ihre Stimmen, um deine Initiativen durchzubringen. Und natürlich darf das Zwischenmenschliche nicht vergessen werden.

Am besten lässt sich das wahrscheinlich bei der Wahl der Bezirksbürgermeister:innen sehen. Ich habe seit 2009 drei Mal mit den anderen Fraktionen erfolgreich über eine Mehrheit zur Wahl des Bürgermeisters verhandelt. Zwei Mal für Markus Thiele. Einmal für mich selbst. Bei Thieles zweiter Wahl 2014 gelang es, ein sehr interessantes Bündnis aus SPD, Die Linke und FDP zu schmieden, aus dem auch einige interessante politische Initiativen hervorgegangen sind: Zum Beispiel der rechtsrheinische Ausbau des öffentlichen Personennahverkehrs und der Einsatz für einen dezentralen Drogenkonsumraum. Eine Selbstverständlichkeit war diese Zusammenarbeit nicht.

Bewegend war für mich auch die eigene Wahl zum Bürgermeister des Stadtbezirks Kalk. So erhielt ich insgesamt 92 Prozent bei nur einer Gegenstimme. Ein solches Wahnsinnsergebnis war nur parteiübergreifend möglich. Ich bin noch immer zutiefst dankbar über dieses Vertrauen. Vielleicht war mein Stil präsidialer als der von anderen. Aber es war mein persönlicher Stil als Bürgermeister, und er fühlt sich auch heute noch richtig an. Aber allein mein Wahlergebnis zum Bezirksbürgermeister sowie die Reaktionen auf meinen Ausstieg und die herzliche Verabschiedung, die ich von allen Seiten genossen habe, bestärken mich darin.

Wenn ich heute von mehr Freude und Lebensqualität spreche, hängt das im Besonderen auch damit zusammen, dass ich mir seit 2018 wieder mehr Zeit für meine Musik genommen habe. Ich mache seit einem Vierteljahrhundert aktiv Musik. Ich schrieb schon immer eigene Songs und habe in dieser Zeit mit meinen ältesten Freunden gemeinsam performed und an unseren Stücken gearbeitet. Musik habe ich deutlich länger gemacht, als ich überhaupt daran gedacht habe, mich politisch zu engagieren.

Doch mein politisches Engagement hat immer dazu geführt, dass die Musik auf der Strecke blieb. Das war der Preis dafür, meine Familie nicht noch mehr zu vernachlässigen, als ich es ohnehin schon tat. Eine Kröte muss man schlucken. Man kann nicht auf allen Hochzeiten tanzen. Da haben wir es wieder.

Mit dem Wegfallen der politischen Termine ist eines passiert. Ich hatte nicht nur mehr und schöne Zeit mit meiner Familie. Ich hatte plötzlich auch mehr Zeit für die Musik, was ein weiterer persönlicher Gewinn war. Ein Schritt zu mehr Zufriedenheit und Glück in meinem Leben. In den letzten zwölf Monaten habe ich wieder mehr eigene Songs geschrieben und mich als Musiker weiterentwickelt, indem ich Neues gelernt und ausprobiert habe. Ich habe mehrere spannende Musikprojekte gehabt, mit anderen Musikern zusammengearbeitet, und noch mehr wartet in der Pipeline.

Heute fühle ich mich viel unabhängiger als in meiner politisch aktiven Zeit. Ich bin nicht mehr der »gute alte Parteisoldat« von früher und fühle mich in kein parteipolitisches Korsett gezwungen. Vielmehr sehe ich mich als ein »linker Künstler« mit einer ausgeprägten politischen Meinung. Vermutlich werde ich weiterhin ein sehr kritischer Beobachter sein. Vielleicht auch irgendwann mal wieder mehr als das. Wer weiß das schon.

Auf jeden Fall bin ich mir bei einem sicher: Das Ehrenamt bleibt ein wichtiger Teil meines Lebens. Ich kann gar nicht ohne.

Nach rund drei Jahren Pause juckte es mich 2022 schon wieder gewaltig, und ich wollte wieder anpacken. Das ging dann ziemlich schnell. Seit einiger Zeit habe ich mich mit meiner Frau beim gemeinnützigen Weihnachtsmarkt mit dem Schwerpunkt Nachhaltigkeit in unserem Stadtteil engagiert. Seit 2022 arbeite ich nun im Orga-Team mit. Ich kann in diesem Projekt weiterarbeiten, welches ich in meinem ersten Jahr noch als Bürgermeister zum Start unterstützt habe.

Und im ersten Jahr dieses neuen Engagements wurde mir wieder einmal deutlich: Da steckt eine ganze Menge Arbeit drin. Es war eine tolle und wahnsinnig intensive Erfahrung mit einem sehr engagierten Team, für die mehreren Tausend Menschen zu arbeiten, die uns am zweiten Adventswochenende in Rath/Heumar besuchten. Ein Herzensprojekt für mich. Das ist jede Anstrengung wert, und anstrengend war es auf jeden Fall. Der herzliche Dank und die große Wertschätzung, die ich mit dem Team des Weihnachtsmarkts für unseren Einsatz erfahren durfte, ist für mich der größte Lohn.

Beim Weihnachtsmarkt ist aber noch nicht Schluss. Mit einigen musikverrückten Freunden habe ich 2022 einen Club gegründet. Unser Ziel war es, der Livemusik nach der Corona-Pandemie wieder eine Bühne zu bieten. Ein Mal im Monat können Künstler und Bands ohne eine Vorleistung auftreten und sich präsentieren. Das ist heutzutage gar nicht mehr so einfach. Oft muss man einen Mindesteintritt vorstrecken oder kommt als Newcomer gar nicht auf die Bühne. Auch die Bars und Clubs, die Livemusik anbieten, sind weniger geworden. Die Musik und die Künstler stehen bei uns im Vordergrund. Wir können Talente fördern und bieten eine schöne Zeit. Die ersten erfolgreichen Veranstaltungen motivieren mich in diesem neuen Ehrenamt.

Die Aufgaben ändern sich. Die Leidenschaft bleibt. Und für mich haben die kleinen Helden vom Dorfplatz und im Verein immer noch einen gewichtigen Platz im Herzen. So sind es doch sie, die unser Leben erst richtig lebenswert machen. Und nach zwei Jahren Pandemie wird das noch sehr schmerzhaft ins Bewusstsein gebracht: Nämlich dann, wenn das Ehrenamt fehlt, wird es einsam.

In diesen Momenten blitzt für mich der Einsatz unserer Helden besonders auf.

Der Rückblick auf die vergangenen Jahre macht mir aber auch deutlich, dass diese kleinen Helden selbst Unterstützung brauchen. Es muss Aufgabe der Politik sein, diesen Menschen, die manchmal die Lücke stopfen, die der Staat hinterlassen hat, zur Seite zu stehen. Es muss das Ziel sein, wichtige Angebote vor Ort zu stützen. Dazu gehört auch, seine eigene Position zu überdenken und zu überlegen, was genau vor Ort die beste Lösung ist. Das wird mir besonders klar, wenn ich an die von mir beschriebene Situation der Rath/Heumarer Sportvereine denke. Es gibt Momente, in denen man auch mal Ideologie beiseite legen sollte und eine optimale Situation schafft, die für alle Beteiligten passt. Man nennt es Kompromiss. Aber ich weiß ja längst, dass das heute leider nicht mehr so gerne gemacht wird.

Was ich mir wünschen würde, ist, dass es in unserer Gesellschaft zu einem tiefen Luftholen kommt. Vieles scheint falsch zu laufen. Wertschätzung ist sicher ein Aspekt. Besonders schlimm empfinde ich den Umgang mit unseren Helfer:innen, wenn diese bedroht und angegriffen werden:

Am 13. Februar 2022 wurde Dr. Frank-Walter Steinmeier zum zweiten Mal zum Bundespräsidenten unseres Landes gewählt. In seiner Rede[33] sprach der Bundespräsident zwei Themen an, die mich in meinen politischen Jahren und während der Arbeit an diesem Buch besonders begleitet haben:

»Denen, die in der Not der Pandemie Hass und Lügen verbreiten, die von ›Corona-Diktatur‹ fabulieren und sogar vor Bedrohung und Gewalt nicht zurückschrecken, gegen Polizistinnen, Pflegekräfte und Bürgermeister, denen sage ich: Ich bin hier, ich bleibe.«

Ich glaube, diese Worte kamen zur richtigen Zeit. Und ich hoffe, dass es gegenüber dieser Entwicklung ein energisches Entgegentreten in unserem Land gibt.

Wenn Steinmeier sagt: »Wer für die Demokratie streitet, der hat mich auf seiner Seite. Wer sie angreift, wird mich als Gegner haben«, gibt mir das Hoffnung.

Manchmal, zum Beispiel im Herbst 2020 während der US-Wahlen, brennt aber auch das politische Feuer wieder in mir. Dann sitze ich zu Hause, verfolge die Nachrichtensendungen, rechne und spiele mit den Zahlen und freue mich, dass meine Prognosen oft stimmen. Dann ist es fast so wie damals, als ich mit meinem Weggefährten Frank Heinz alte Wahlergebnisse analysierte und hieraus erfolgreiche Wahlkampfstrategien ableitete. Ich gestehe: Das macht mir noch immer Freude, und vielleicht nutze ich meine Erfahrungen und meinen politischen Instinkt nochmal an einer anderen Stelle. Vielleicht sogar beruflich.

Wenn ich an diesen »normalen Dezemberabend« im Jahr 2003 zurückdenke, hätte ich mir damals nicht ausmalen können, wohin mich mein Weg gebracht hat. Bürgermeister eines Stadtbezirks einer Millionenstadt zu werden. Wer hätte das an diesem Stammtischabend gedacht?

Ich blicke mit teils gemischten Gefühlen zurück, aber im Großen und Ganzen bin ich sehr zufrieden und glücklich, diese Erfahrungen gemacht zu haben. Ich freue mich, all diese Menschen kennengelernt und mit ihnen gearbeitet zu haben. Ob in der SPD oder den anderen Parteien. Ob es die Menschen in Kalk, Rath/Heumar oder den anderen Kölner Stadtteilen sind, denen ich begegnet bin oder auch in NRW. Zeuge zu sein, wie sich Menschen für ihre Nachbarschaft aufreiben und täglich daran arbeiten, ihr Umfeld zu verbessern. Die kleinen Helden zu beobachten und ihre spannenden Geschichten zu verfolgen, war für mich eine lehrreiche Lektion. Sie haben mir gezeigt, was eine Gesellschaft ausmachen kann.

Wahrscheinlich habe ich mir ab und zu selbst widersprochen, in dem ich über die wundervollen und gleichzeitig nervigen Zeiten und Erfahrungen geschrieben habe. Aber Emotionen führen zu unterschiedlichen Wahrnehmungen, und beide sind Teil der gleichen Geschichte. Am Ende war es eine schöne und prägende Zeit. Und Zeit verändert uns nun mal zwangsläufig.

Dieses Buch ist nur meine kleine Sicht auf unsere Gesellschaft und Politik. Ich hoffe, dass ich Anregungen für Diskussionen bieten konnte. Interesse wecken und zum »Bessermachen« animieren, ist mein Ziel.

Es ist viel Zeit vergangen, seit ich Ende Mai 2018 verkündet habe, aus der Politik auszusteigen. Ich jedenfalls bin gespannt, was noch folgt.

Ich warte mit angehaltenem Atem.

Danksagung

♥

Igone, Maximilian und Constantin

Meine liebe Familie. Ich danke Euch von ganzem Herzen. Insbesondere für so viel Geduld und Toleranz, die Ihr all die Jahre gelebt habt. Diese Zeit war nicht immer leicht. Ich habe sie nicht immer leicht gemacht. Mein Engagement und meine Erfolge waren nur möglich, weil Ihr mir den Rücken freigehalten habt. Weil Ihr an mich geglaubt habt.

All das war nicht selbstverständlich. Besonders dann, wenn ich nicht zu Hause sein konnte. Wenn ich Euch an manchen Tagen gar nicht gesehen habe, weil ich so spät heimgekommen bin. Wenn ich eines bedaure, dann, dass ich die Balance erst so spät gefunden habe. Das schmerzt mich schon länger.

Und doch bin ich heute so froh darüber, diesen Weg mit Euch gegangen zu sein und am Ende auch klare Entscheidungen getroffen zu haben. Entscheidungen für neue Kapitel und Perspektiven. Entscheidungen für Euch, die Ihr mir so wichtig seid.

Ich liebe Euch. Vielen Dank!

♥

Meine Familie

Papa, Sara. Ihr seid meine engste Familie. Und das sagt schon so vieles aus. Wir waren zusammen, als die Zeiten nicht so schön waren, und sind zusammen, wenn alles gut ist. Ich danke Euch für alles, was ich gar nicht in Worte fassen kann.

Und Ihr seid nicht die Einzigen: Meine Familie ist so verdammt groß, so liebens- und lebenswert, dass ich versucht habe, Euch alle zu benennen, um doch dabei zu versagen, Euch allen gerecht zu werden. Daher möchte ich mich so bei Euch allen bedanken. Auch wenn man sich nicht so häufig sieht, wie es eigentlich sein sollte.

Ich danke Euch für all die politischen und vor allem kontroversen Diskussionen. Sie haben mich geprägt und fanden ab und an auch Einfluss beim Schreiben dieses Buchs. Vielen Dank!

Frank

Wo soll ich anfangen? Wo kann ich überhaupt aufhören? Du warst für mich beim Schreiben dieses Buches ein Motivator und Unterstützer zugleich. Ohne Deinen Beitrag als Ideengeber und kritischer Diskussionspartner wäre dieses Buch wahrscheinlich noch immer nicht fertig. Es wäre jedoch zu kurz gegriffen, um an dieser Stelle aufzuhören.

Du warst für viele Jahre ein engagierter, streitbarer und verlässlicher Partner. Ohne Dich hätte ich manchen Schritt nicht gehen können, und unsere Zusammenarbeit war die Basis des Erfolgs. Und was bleibt, ist das wertvollste Geschenk, was bleibt: Freundschaft.

Du bist nicht nur für mich, sondern für viele andere, von unschätzbarem Wert gewesen. Und da ich selbst viel über Wertschätzung lernen musste, weiß ich heute genau, wie viel Du auch für andere gemacht hast, die diesen Einsatz leider nicht wahrgenommen haben und werden. Du bist ein ganz Großer.

In tiefer Verbundenheit und Freundschaft. Herzlichen Dank!

Dennis und Joachim

Meine Rocker. Ich bin Euch so unglaublich dankbar für Eure Freundschaft, die wir nach so vielen Jahren noch pflegen dürfen. Die Basis dieses Buch ist nicht zwangsläufig Politik. Sie ist die Wurzel meiner Herkunft und führt uns zu unserer langjährigen Freundschaft. Vielen Dank für all die kontroversen Gespräche und wunderbaren Momente, die wir alle in unserem illustren Kreis gemeinsam erleben durften. Sie haben mich geprägt und mich durch mein politisches Leben begleitet.

Vielen Dank für die aufregenden Musikerlebnisse in der Ro-sen-Arena. Wer konnte ahnen, wo uns das Leben seit dieser Entscheidung am 23. Dezember 1997, diesem denkwürdigen Abend im Keller, noch so hinführen würde?

Ich danke Euch für eine tiefgehende Verbundenheit und für all die wunderbaren Zeiten, in denen wir Musik schufen und akribisch an uns arbeiteten. Es war und ist für mich stets ein Ausgleich und wunderbare Inspiration.

Vielen Dank, dass Ihr immer da seid, wenn es sein muss. Ein Hoch auf all die denkwürdigen Konzertbesuche, die hoffentlich nie enden mögen. Wer mag schon glauben, dass Fahrten zwischen Köln und Düsseldorf so spektakulär sein können?

Vergesst nie: Der Rock 'n' Roll kann die Welt retten!

♥

Marina, Nina, Verena, Jens, Katha, Sam, Christiane und Johanna

Ich bin zutiefst dankbar für eine über 25 Jahre andauernde Freundschaft. Auch wenn uns der Alltag nicht mehr so häufig zusammenführt, insbesondere gemeinsam. Ich danke Euch für ein Vierteljahrhundert an Verbundenheit, für die spannenden Diskussionen, die wir führten und die glorreichen Partys, die wir feierten. Ich freue mich über jeden dieser Tage und hoffe, dass zukünftig noch viel mehr von ihnen folgen werden. Vielen Dank dafür, dass Ihr einen stets zurück in die lebhaften Erinnerungen der goldenen 1990er- und 2000er-Jahre zurückholt.

♥

Stefanie, Uwe, Lina und Antine.

Wo wären wir nach fast drei Jahren Pandemie, wenn wir nicht das gemeinsame Glück gehabt hätten, diese Zeit zusammen durchzustehen? Zehn Jahre wunderbare Nachbarschaft, und wahrscheinlich waren sie nie wichtiger als in den vergangenen Monaten. Vielen Dank für die gegenseitige Stütze und die spannenden Gespräche und Diskussion, die wir teils im kalten Winter im Garten führten. Vieles hat mich nachhaltig beim Schreiben dieses Buchs begleitet und inspiriert.

♥

Kalk war immer mein politisches Zuhause. Das gilt im Besonderen für das Kalker Bezirksrathaus, nur wenige Meter von meinem Geburtsort entfernt. Egal, aus welcher Partei oder Ecke wir alle kamen. Ihr lieben Mitglieder der Bezirksvertretung Kalk, die folgenden Zeilen gehören Euch!

Bezirksbürgermeister. Fraktionsvorsitzender. Was wäre man ohne seine eigene Fraktion? Ohne Euch, hätten diese zehn Jahre im Bezirksparlament sicherlich keine Heimatgefühle erwecken können. Ich danke Euch von ganzem Herzen: Claudia (meine geschätzte Nachfolgerin), Markus, Oliver, Markus, Christian, Elisabeth, Hajo, Kerstin, Marcel, Timon und Wolfgang.

Zu einer wunderbaren Heimat gehört aber auch eine großartige Nachbarschaft. Allen voran möchte ich Tanja und Daniela danken. Ihr habt mich als ehrenamtlicher Bürgermeister tatkräftig unterstützt. Ihr seid wunderbare Stellvertreterinnen gewesen. So unterschiedlich unsere gemeinsamen politischen Hintergründe auch waren, so gemeinschaftlich haben wir das Bürgermeisterbüro repräsentiert. Vielen Dank!

Vor dem Bürgermeister war der Fraktionsvorsitzende. Man kann erfolgreich arbeiten. Aber hinter all diesem Engagement steht harte Arbeit. Genauer gesagt: Zusammenarbeit. Von ganzem Herzen möchte ich mich bei Euch Fraktionsvorsitzendenkollegen bedanken: Daniel, HP und Jürgen. Ich habe die Zusammenarbeit mit Euch wirklich sehr geschätzt. Es gab stets Respekt für den anderen und man konnte sich aufeinander verlassen. Auch als ich die Position wechseln durfte und plötzlich Bürgermeister war. Ihr seid ein Rückhalt gewesen, auf den man bauen konnte. Auch bei inhaltlichen Unterschieden. Ich danke Euch und wünsche Euch alles Gute!

Last but not least: Ich könnte noch vieles über Euch alle schreiben, die ich bisher nicht erwähnt habe. Und doch würde ich Euch in der Kürze überhaupt nicht gerecht werden können. Vielen Dank für die tollen Projekte, die spannenden Diskussionen und herzlichen Momente. Vielen Dank, dass man auch nach Kontroversen immer den Weg zurückgefunden hat. Nicht selten war das auch der gemeinsame Tresen mit einem kühlen Kölsch. Das soziale Miteinander war stets ein Kalker Aushängeschild. Macht bitte genauso weiter und ich wünsche Euch alles Gute: Eric, Eva-Maria, Fardad, Hans-Walter, Ilkay, Jiota, Karin, Holger, Jörn, Ludwig, Manuela, Michael, Stefan Clemens und Stephan.

Auch wenn Ihr im Grunde nicht Teil der Bezirksvertretung seid: Ohne Euch wäre das Kalker Rathaus nichts: Ihr Lieben des Bürgeramtes Kalk. Meine Lieblingsverwaltung. Angefangen bei der Bürgeramtsleitung. Liebe Astrid, ich danke Dir für diese gemeinsamen Jahre. Ohne Dich hätte ich die Herausforderung Bürgermeister nie angefangen! Dieter, Corinna, Marika, Anne und Franz. Vielen Dank, dass Ihr dieses Bürgeramt zu einer Familie gemacht habt. Ich komme immer wieder gerne nach Hause.

♥

Ich habe mich beim Schreiben dieses Buchs dafür entschieden, grundsätzlich keine Personen zu benennen. Wenn ich es doch tat, was letztlich doch häufiger vorkam als geplant, lag das daran, dass diese Personen für die Erzählung meiner Geschichte besonders wichtig waren.

Was es nicht bedeutet: Ich wollte niemanden verschweigen oder gar verdrängen. Im Gegenteil. Ich habe so viele interessante und so liebe Menschen kennenlernen dürfen und kann meinen Dank an Euch nur schwer in Worte fassen. Ich könnte im Grunde ein ganzes Buch nur darüberschreiben, Euch alle zu benennen und unsere Geschichten zu erzählen, um Euch zu danken.

Mit so vielen von Euch habe ich gestritten und diskutiert. Gemeinsam haben wir an Initiativen und Projekten gearbeitet. Wir hatten Erfolge und Niederlagen, haben gelacht und geweint.

Viele von Euch haben mich unterstützt und ich weiß, dass ich ohne Euch heute nicht an der Stelle stünde, an der ich heute stehe. Nicht wenige von Euch haben mich in den letzten Jahren versucht zurückzuholen und gebeten wieder einzusteigen. Auch wenn ich hierbei nicht so »kooperativ« war, vielen Dank dafür, dass Ihr weiterhin an mich glaubt.

Vielen Dank für Eure interessanten Geschichten und neue Perspektiven, die ich durch Euch gewinnen durfte. Ihr, die kleinen Helden von der Basis unserer Demokratie!

♥

Anmerkungen

1   Frank Heinz ist Politikwissenschafter, Buchautor und Leiter des
    SPD-Bürgerbüros in Köln-Kalk.
2   Andreas Zick · Beate Küpper (Hg.), Die geforderte Mitte - Rechts-
    extreme und demokratiegefährdende Einstellungen in Deutschland
    2020/21, Bonn 2021, S. 61, Abs. 2ff.
3   <https://antisemitismus-melden.koeln/wp-content/up-
    loads/2022/06/Antisemitische-Vorfaelle-in-Koeln-2021-Meldestelle-
    m%C2%B2.pdf>.
4   <https://www.armuts-und-reichtumsbericht.de/DE/Indikatoren/
    Reichtum/Einkommensreichtum/R01-Indikator-
    Einkommensreichtumsquote.html>.
5   <https://www.stadt-koeln.de/mediaasset/content/V-3/koelner_
    lebenslagenbericht2020_bfrei_.pdf>.
6   <https://www.stadt-koeln.de/mediaasset/content/pdf15/statistik-
    standardinformationen/k%C3%B6lner_stadtteilinformationen_
    zahlen_2021.pdf>.
7   <https://www.ksta.de/koeln/koeln-ueber-700-kinder-an-
    gesamtschulen-abgelehnt-428260>.
8   <https://www.stadt-koeln.de/artikel/61297/index.html>.
9   <https://www.handelsblatt.com/politik/deutschland/muellskandal-
    zehn-koelner-spd-politiker-muessen-vor-gericht/2611908.html>.
10 <https://rp-online.de/panorama/deutschland/kommunalpolitiker-
    erhalten-bewaehrungsstrafe_aid-11629339>.
11 <https://www.spiegel.de/politik/deutschland/nrw-kommunalwahl-
    schwarzer-tag-fuer-die-spd-a-41261.html>.
12 <https://www.rsv-rath-heumar.de/2430>.
13 <https://www.express.de/koeln/koeln-drei-sportvereine-bangen-
    um-ihre-existenz-85689>.
14 <https://www.express.de/koeln/koeln-sportvereine-in-rath-heu-
    mar-bekommen-hilfe-von-der-spd-86813>.
15 <https://www.feuerwehrverband.de/presse/statistik/>.

16 <https://www.ndr.de/fernsehen/sendungen/extra_3/Freiwillige-Feuerwehr-Schlechter-ausgeruestet-als-die-Bundeswehr, extra20054.html>.

17 <https://brand-punkt.de/041-hat-die-feuerwehr-probleme-unsere-groessten-sorgen/>.

18 <https://www.mdr.de/nachrichten/deutschland/gesellschaft/mdrfragt-umfrage-ergebnis-mehr-anerkennung-feuerwehr-100.html>.

19 <https://www.gdv.de/de/themen/news/tiefdruckgebiet-bernd-gdv-erhoeht-schadenschaetzung-auf-4–5-bis-5–5-milliarden-euro-69038>.

20 Einsatz in den Flutgebieten: THW-Helfer beschimpft und angegriffen | tagesschau.de

21 Hochwasserkatastrophe: Übergriffe auf Flut-Helfer der THW – Polizei prüft Berichte | ZEIT ONLINE

22 <https://www.feuerwehrmagazin.de/wissen/gewalt-gegen-rettungs-kraefte-wie-reagiert-die-feuerwehr-auf-angriffe-67641>.

23 <https://news.rub.de/presseinformationen/wissenschaft/2018–01–26-abschlussbericht-gewalt-gegen-rettungskraefte-forscher-plaedieren-fuer-mehr-praevention>.

24 <https://www.thieme-connect.de/products/ejournals/abstract/10.1055/a-1310–6763>.

25 <https://www.koerber-stiftung.de/gegen-hass-und-gewalt-kommunalpolitiker-wappnen-sich-2334>.

26 <https://www.berlin.de/aktuelles/brandenburg/6435411–5173360-alle-parteien-betroffen23-attacken-auf-p.html>.

27 <https://www.tagesspiegel.de/berlin/polizeistatistik-zu-angriffen-auf-berliner-politiker-spd-bueros-am-staerksten-von-gewalt-betroffen/25499108.html>.

28 <https://www.credit-suisse.com/media/assets/corporate/docs/about-us/research/publications/global-wealth-report-2021-en.pdf>.

29 <https://www.boeckler.de/pdf/p_wsi_report_43_2018.pdf>.

30 <https://www.bertelsmann-stiftung.de/fileadmin/files/BSt/Publikationen/GrauePublikationen/OECD_BSt_Broeckelt_die_Mittelschicht.pdf>.

31 <https://www.stadt-koeln.de/mediaasset/content/V-3/koelner_
    lebenslagenbericht2020_bfrei_.pdf>.

32 <https://de.statista.com/infografik/10536/sozialausgaben-in-
    deutschland>.

33 <https://www.tagesschau.de/inland/bundesversammlung-rede-
    steinmeier-101.html>.

Über den Autor

Marco Pagano

wurde am 24. April 1980 in Köln-Kalk geboren. Der Sohn eines italienischen Einwanderers und einer Kölnerin wuchs in einem Vorort von Bergisch Gladbach vor den Toren Kölns auf. Seit 2012 lebt der Familienvater mit seiner Frau und seinen beiden Söhnen im Kölner Stadtteil Rath/Heumar. Der Diplom-Informationswirt studierte erfolgreich an der Fachhochschule Köln und ist heute in der Kreislaufwirtschaft tätig.

15 Jahre lang war Marco Pagano kommunalpolitisch in Köln aktiv, bekleidete innerhalb der SPD verschiedenste Positionen und war zuletzt Vorstandsmitglied der Kölner SPD. Zehn Jahre lang führte er darüber hinaus als Vorsitzender seinen Ortsverein als Basisgremium der SPD und war sechs Jahre lang Vorsitzender der übergeordneten Parteiebene im Stadtbezirk Kalk.

Seit der Kommunalwahl 2009 war er Mitglied der Bezirksvertretung Kalk. Zunächst als stellvertretender Fraktionsvorsitzender, ab 2014 als Fraktionsvorsitzender. Zuletzt bekleidete er das Amt des Bürgermeisters des Stadtbezirks Kalk mit über 120.000 Einwohnern. 2019 schied Marco Pagano aus beruflichen Gründen frühzeitig aus der Kommunalpolitik aus, nachdem er bereits im Frühjahr 2018 seinen grundsätzlichen Ausstieg angekündigt hatte.

Die Hintergründe seines Ausstiegs erläuterte Pagano 2018 unter anderem in einem Gespräch mit der Frankfurter Allgemeinen Zeitung und kritisierte hierbei insbesondere den fehlenden Respekt und eine übertriebene Erwartungshaltung gegenüber der Politik, die kaum einzuhalten ist.

»Kleine Helden« ist das erste Werk des Autors und leidenschaftlichen Musikers und die weitergehende Erzählung zu den Hintergründen von Paganos Ausstieg.

DIETZ & *DAS*

Der Podcast zu Politik, Gesellschaft und Geschichte aus dem Dietz-Verlag

Unsere Autor*innen stellen hier ihre neuen Bücher vor und diskutieren über politische und gesellschaftliche Themen – informativ, unterhaltsam, inspirierend!

Abrufbar auf Spotify, iTunes und allen Podcast-Plattformen sowie auf www.dietz-verlag.de